الشتاء الطويل الحار للرأسمالية قد بدأ

الشتاء الطويل الحار للرأسمالية قد بدأ

جاك بارنز

باثفايندر
نيويورك لندن مونتريال سيدني

Pathfinder

NEW YORK LONDON MONTREAL SYDNEY

الشتاء الطويل الحار للرأسمالية قد بدأ
جاك بارنز

ISBN 978-1-60488-034-2
Library of Congress Control Number 2011902684

طُبع في الولايات المتحدة الاميركية
Manufactured in the United States of America

حقوق الترجمة والطبع محفوظة لدار باثفايندر برس Pathfinder Press
© 2011 جميع الحقوق محفوظة
الطبعة الأولى 2011
First edition 2011
الطبعة الثالثة 2019
Third printing 2019

مقال منشور في مجلة الأممية الجديدة العدد رقم 12 New International
Copyright ©New International 2005. All rights reserved.

الغلاف من تصميم: ايفا برايمان و باربارا غراهام

صورة الغلاف:
الكوماندوس السعودي يهبطون على سطح مجمع سكني لموظفي شركة نفط اجنبية. الخبر. أيار / مايو 2004. أربع جهاديين اسلاميين اخذوا المئات كرهائن. وقتلوا اثنين وعشرينشخصاً. الصورة مأخوذة من تلفزيون العربية.

نقلاً عن الطبعة باللغة الانكليزية
Capitalism's Long Hot Winter Has Begun
Jack Barnes

Pathfinder
www.pathfinderpress.com
E-mail: pathfinder@pathfinderpress.com

المحتويات

تمهيد ص 9

الشتاء الطويل الحار ص 11

للرأسمالية قد بدأ
تقرير مؤتمر حزب العمال الاشتراكي
في الولايات المتحدة حزيران / يونيو 2005

ملخص المؤتمر ص 89

تمهيد

صدرت وثيقة "الشتاء الطويل الحار للرأسمالية قد بدأ" لاول مرة في اللغة الانكليزية في عدد رقم 12 من "الأممية الجديدة" عام 2005. "الأممية الجديدة" هي مجلة سياسات ونظرية ماركسية، تصدر في نيويورك باللغة الانكليزية، والاسبانية، والفرنسية والسويدية، وتوزع في العالم اجمع. كاتب هذه الوثيقة هو جاك بارنز. وهو محرر مساهم في "الاممية الجديدة" وايضاً السكرتير الوطني لحزب العمال الاشتراكي في الولايات المتحدة الاميركية.

الشتاء الطويل الحار للرأسمالية قد بدأ

جاك بارنز

الحزب الجماهيري الثوري ينشأ من حالة انصهار في حمى الأزمات الاجتماعية العظيمة، وفي الاضطرابات السياسية، والحروب. هكذا اضطرابات تظهر للعيان بشكل غير منتظم وتمتد، بانحسار وتدفق، عبر الزمن الكمي. ولكن قلب الحزب البروليتاري - والذي تم صهره من خلال العمل الجماعي، المعرفي والمنظم في سياسات الطبقة العاملة من خلال كادرات ممتدة الى عدة أجيال - والذي يُبنى قبل قيام المعارك الطبقية العظيمة والانفجارات الثورية. هكذا حزب لا يمكن أن يُبنى من العدم عندما تكون المواجهات الطبقية المصيرية قد بدأت والتي تقرر أي طبقة سوف تحكم. هذا هو الدرس الذي علمنا إياه لينين والبلاشفة من خلال العمل. ايجابياً. استنتج لينين أيضاً هذا الدرس من تاريخ حركة الكادحين الثورية تحت الرأسمالية مفسره في عدة خطابات وكتابات. وخلال القرن المنصرم، تعلمت طبقتنا هذا الدرس بالطريقة السلبية - وبأكثر الطرق كلفةً بالامكان توقعها.

تقرير وملخص تمت مناقشته واعتماده في المؤتمر الدستوري الواحد والاربعون لحزب العمال الاشتراكي (في الولايات المتحدة الاميركية)، والذي عُقد في تموز / يوليو 25-27 / 2002 في اوبرلين، اوهايو.

تجتهد منظماتنا بالعمل اليوم بهذه الطريقة بحيث اننا نستطيع ان نبني برنامجنا الأممي الموجود مسبقاً، وعاداتنا البروليتاريا ومعاييرنا التنظيمية حين تبدأ النضالات الثورية الجماعية. فقط بالتصرف بهذه الطريقة تُبنى الأحزاب القادرة على قيادة الكادحين في سعيهم الثوري للسلطة والى تأسيس حكومة العمال والمزارعين.

ولكي نبقى حقيقيين مع مسؤوليتنا التاريخية هذه، يواجه المندوبون في هذا المؤتمر تحدياً واحداً قبل أي شيء. يجب علينا ان نحضّر حزب العمال الاشتراكي، والشباب الاشتراكيين، وجميع داعمي الحركة الشيوعية لفهم الكساد المتجلي للعيان والحركة المكثفة نحو الحروب الرأسمالية ولاعادة توجيه حركتنا بوجه هذه الحقائق. وفي ضوء هذا، من المطلوب ان يتم الفهم والتحرك بناء على كل المسؤوليات والفرص السياسية الأخرى. وبقيامنا بهذا، سوف نتعاون مع الشيوعيين والشباب الاشتراكيين في العالم اجمع، كما سوف نتعاون مع الثوريين في أميركا اللاتينية، وأفريقيا، والشرق الأوسط وآسيا، والذين يخوضون صراعات وطنية لا مساومة فيها ضد المصالح المحلية والعالمية للنظام الامبريالي.

☼

الشيوعيون ليسوا من المتنبئين. لا احد يستطيع ان يقوم بتوقعات دقيقة ان كان حول ما الذي سوف يحصل في المجتمع أو متى سوف يحصل. هؤلاء اصحاب الفهم المادي لقوانين

الصراع الطبقي، بما فيها من فرصة في الشؤون الانسانية، يعرفون جيداً ألا يقوموا بهكذا توقعات. ولكن الشيوعيون يستطيعوا - وعليهم مسؤولية - متابعة التطور الرأسمالي الذي يتكشف امامنا ولاستيعابه وتفسير استتباعاته على الصراع الطبقي وعلى الخط المنحني لمسيرة البروليتاريا نحو السلطة. وعند تراكم أدلة كافية ضمن منطق هذه التطورات، التصرف الوحيد المسؤول يكون بالتحرك باتجاهها. واذا لم نقم بهذا، وبصرف النظر عما حققناه من قبل، سوف يكون قد فات الآوان. وبهذه اللحظة نحن لم نأت من ميزوري (Missouri). ولكن أتينا من بتروغراد [ملاحظة المترجم: بدأت الثورة الروسية عام 1917 في بتروغراد].

هناك اعضاء كثيرون من ضمن الحركة الشيوعية اليوم لم يشهدوا حرباً برية أقيمت من قبل الحكام الامبرياليون، حرباً تدخل اعداداً ضخمة من الجنود من مختلف قطاعات الطبقة العاملة الاميركية والتي ينتج عنها عدة آلاف من القتلى من الجانبين. سوف نشهد هكذا حروب من هذا النوع. ليس فقط في العقود القادمة، بل في السنين القادمة واحتمالاً في الشهور القادمة.

فقط هنالك بضعة مشاركين في هذا المؤتمر، هؤلاء الذين يقتربون من عمر الثمانين، قد شهدوا، كسياسيين، فترة من الكساد العالمي. البعض منا قد شهد اثنان او ثلاثة فترات انحطاط منذ منتصف السبعينيات. وخلال احدى هذه الفترات من التردي الاقتصادي، هبطت اسعار البورصة بشكل حاد خلال عدد قليل من السنوات. البطالة تعدت الارقام

العشرية في عدة بلاد رأسمالية. وكان هناك انفجارات مفاجئة من التضخم. ولكن هذا مختلف. من خلال هكذا انكماش ضخم يُشبك العمود الفقري للرأسمال العالمي - أُسس الدَّين الخاصة بها والمؤسسات المالية المهيمنة تنثني. ويهبط الانتاج وتنتشر ظاهرة عدم العمل عالمياً. وتُصاب الجموع العظيمة الانسانية بانقباضات اقتصادية وبنوبات مدمرة من انفجارات الاسعار - وفي بعض الاحيان. بالاثنين معاً. تفقد الجموع الايمان بالراسمالية. ولكن في البداية. تفقد الجموع الامل فقط. شروط من هذا النوع. والتي اصابت اكثر الامكنة ضعفاً في العالم الاستعماري خلال العقود الاخيرة. ستنتشر في العالم وتصبح مدمرة. لسنا نتوقع كساداً عالمياً من هذا النوع. نحن نعيش في مراحله الافتتاحية اليوم.

للعمل بفعالية كشيوعيين في العالم الذي يتطور. يجب علينا ان نطور مفهوماً ذاتياً للامبريالية - المرحلة التي تم الوصول لها في القرن الماضي من الرأسمالية العالمية. الانسانية ليس لديها مستقبل حتى تحل تناقضات النظام الاستغلالي والقمعي والذي فقط يتحقق بانتزاع البروليتاريا السلطة من الملاكين والراسماليين في البلاد الامبريالية وينضموا الى النضال العالمي للاشتراكية.

وكما ساعدنا لينين على التعلم بالنسبة للحكام الامبرياليين "ليس هناك شيء يسمى حالة ميؤس منها بالاطلاق" وذلك حتى عندما تكون الرأسمالية في أزمة عميقة.[1]

1. ف.ا. لينين في طبعة اللغة الانكليزية:
V.I. Lenin "Report on the World Political Situation and the Basic Tasks

ليس هناك حالة ميؤس منها بالنسبة للبرجوازية طالما ان سلطة الدولة لم تنتزع منها من قبل البروليتاريا. بقيادة حركة ثورية والتي لن تخاف. في اللحظة المصيرية. من المسؤولية المهمة لانتزاع السلطة والاحتفاظ بها.

وبدون هكذا ثورة - وبدون الانتفاضة التي تفتح الطريق امام حكم العمال - ينتقم المستخدمين والدولة الرأسمالية من خلال الارهاب الفاشي عبر تدمير الطبقة العاملة. كما تدمير القدرة الانتاجية الزراعية والصناعية الكافية من خلال الحروب والوسائل الاقتصادية "الطبيعية" (للرأسمالية). لاستئناف التجارة والانتاج بشكل حقيقي ولكن بائس. سيستمرون بهيمنتهم على الارض. مستغلين ومضطهدين الغالبية العظمى من الإنسانية. مهددين بقاء الحضارة نفسها. لطالما لم يخسر الرأسماليون سلطة الدولة. يضمن قانون القيمة ان نظامهم نفسه سيستأنف ذاته.

لا خوف من الحكام

بينما تكون الطبقة الحاكمة في هذا البلد الاغنى وذات القوى العسكرية الاقوى في التاريخ. تكون هذه الطبقة كعملاق فارغ ينحدر من قمة قوته. نحن لانخاف من الحكام

of the Communist International," in *Workers of the World and Oppressed Peoples Unite!: Proceedings and Documents of the Second Congress, 1920* (New York: Pathfinder, 1991), vol. 1, p. 139 [2010 printing]. Also in Lenin, *Collected Works*, (Moscow: Progress Publishers, 1966), vol. 31, p. 227.

الملاّكين، ولكننا نحتقرهم. نحن نتطلع لنتعارك معهم. لاننا نعلم ان قبل ان يقدر المستغلين ان يفرضوا رعبهم المطلق، تستطيع الطبقة العاملة وحلفائها من المزارعين والكادحين ان تحل أزمة الامبريالية لصالح الانسانية. نحن نقول : هيا بنا! ولنتصرف كمعنيين.

يستمتع العمال الشيوعيون في الولايات المتحدة بالعمل السياسي. أي ان تلازم العمل والسياسة هو الذي يجعل من العمل السياسي ممكناً، وهنا محط اهتمامنا. ثقتنا بالطبقة العاملة تنبع من خبرة طويلة، وهي ترتكز على حقائق تكشّفت أمام أعيننا. هي ليست مسألة ايمانية. وهي ليست "فكرة" في رأس شخص. وهي ليست "هدفاً" أيضاً "نسعى اليه." ولدينا واجبٌ سياسيٌ خاص لبرهنة هذه الثقة من خلال الطريقة التي ندير أنفسنا بها.

وحول العالم اليوم، بما ضمنهم الثوريين، امبريالية الولايات المتحدة تُفترض كأنها كلية القدرة، "قوة مسيطرة" في عالم ذو "قطب واحد". لدينا واجبٌ ان نوضح اننا لا نخضع للمغامرة ابداً التي تتجاهل وحشية واحتكار سلطة الدولة من قبل حكام الولايات المتحدة، كما اننا ايضاً لا نجثم أمامهم. كما اننا لا نسألهم بحقنا بان نكون شيوعيين. نحن نقدم تحليلاً واقعياً لماهيتهم والذي يستطيعون فعله. نحن نفسر انهم يتصرفون براغماتياً [ذرائعيّ] بدون النظر الى القوانين الحركية للمجتمع الحديث. ليس عليهم ان يربحوا، عليهم فقط الا يخسروا. ليس هناك حدود للتضليل الذاتي، ولنفس السبب ليس هناك أيضاً حدوداً لفجائية ومدى الوحشية والعنف

اللذان يطلقونهما عندما يتبين جلياً أنهم على خطأ.

وفوق هذا كله. نفسّر كيف أن الحكام الرأسماليون يستمرون بخلق وتجميع داخل حدودهم عدداً متنامياً من البروليتاريا العالمية. وكيف أن الشعب العامل - والذي هو نحن - باستطاعته ان يصنع ثورة لقلبهم عن الحكم.

لدينا واجب خاص لمساعدة الكادحين ذو الفكر الثوري حول العالم لفهم أن ليس هنالك ولايات متحدة "موحدة". ليس هنالك ثمة سكان متجانسين سياسياً واجتماعياً في شمال القارة الاميركية تحت هذا الاسم. مفهوم "نحن الاميركيون" هي من كذب الحكام. هنالك عشرات وعشرات وعشرات الملايين من العمال والمزارعين في الولايات المتحدة. نحن جزء من الـ "نحن" التي تشكل اخواننا واخواتنا ضمن نفس الطبقة في كل انحاء العالم. هنالك "هم": حفنة من العائلات المالكة التي تعمل حكومة الولايات المتحدة الامبريالية لمصالحها في الداخل والخارج. انها دولتهم "هم". والتي يجب ان نطيح بها "نحن" لايقاف التقدم الحثيث للامبريالية نحو تعميق الازمة. العنف. الوحشية والتدمير - نحو الفاشية وحرباً عالمية.

الردّ البروليتاري على احداث 11 ايلول / سبتمبر

أبلت حركتنا بلاءً حسناً في ايلول / سبتمبر الماضي بمواجهة الهجومات على مركز التجارة العالمي والبنتاغون. كما ابلت بلاءً حسناً بمواجهة المدّ العسكري المتنامي اللاحق من قبل الحكام. وللتحضيرات للهجوم على حقوق العمّال. أخذنا

موقفاً مدوياً حول أحداث 11 أيلول / سبتمبر نفسها. وذلك عبر بيان من قبل قيادة الحزب الصادر باسم مرشح الحزب العمالي الاشتراكي لعمدة مدينة نيويورك. مارتين كوبل. وبوقت متزامن. بدأنا الحملة مع هذا البيان عبر الولايات المتحدة الذي عرضناه على مواقع الانترنت الخاصة بجريدة الميليتانت وبرسبكتيفا مونديال (جريدتي المناضل والرؤية العالمية) وللنشر في الاعداد القادمة لهذه الدوريات. فسّرنا الرهانات والمسائل السياسية للاعضاء والمناصرين والمعارف لحركتنا. كما فسّرنا لكل المهتمين بالسماع ماذا يريد الشيوعيون ان يقولوا.

حمل بيان الحزب المحتوى والنبرة بشكل مناسب - والنبرة من الممكن ان تكون تقريرية في سياسات الطبقة العاملة في هكذا لحظات كـ 11 أيلول / سبتمبر 2001. قلنا أن الهجمات على نيويورك ومقاطعة كولومبيا (واشنطن) هي بردة فعل وتقليد ما كانت تقوم به حكومة الولايات المتحدة من تأييد "حقّها عبر عقود بالمبادرة بهجومات عسكرية على بلاد أخرى". وفي هذا المجال. سيصبح حكام الولايات المتحدة "اكثر وقاحةً".

لفتنا النظر الى حقيقة ان خلال الاشهر الختامية في البيت الابيض لـ "ادارة كلينتون التي اسست. وللمرة الاولى في تاريخ الولايات المتحدة. قيادة اميركية شمالية - أي قيادة اركان لانزال قوات مسلحة للولايات المتحدة داخل البلاد. مستهدفة بشكل أولي الشعب العامل في هذا البلد". لاحظنا ان هذه الوحدات العسكرية "الخاصة بالبلاد" معاً مع عدّة مكاتب شرطة فدرالية. تم انزالهم من قبل ادارة بوش" ضمن عملياتهم الاولى المحلية العسكرية".

"قامت حكومة الولايات المتحدة وحلفاؤها لمدة أكثر من قرن، بأعمال ارهابية منظمة للدفاع عن امتيازات ومصالح طبقتها داخل البلاد وخارجها" - ومن المجزرة في الفيليبين والكاريبي واميركا الوسطى عند بداية القرن العشرين وفي بداية عقوده الى قصف حارق للمدن الالمانية واليابانية والمحو الذري لاكثر من مائة الف في هيروشيما وناغازاكي، ومن المسح القاتل لكوريا في بداية الـ 1950 ، الى مجزرة العشر سنوات في الهند الصينية، وتدمير اميركا الوسطى ودعم الطغاة القاتلين عبر اميركا الجنوبية في الستينات والسبعينات من القرن 20، ومن الحرب ضد الشعب العراقي في الـ 1990-1991 حتى حرق 80 شخصاً في وايكو - تكساس، على أرضها الخاصة، وقتل المزيد داخل البلاد وخارجها.

رجّع بيان الحزب صدى انذار الـ 1940 الذي اطلقه القائد الشيوعي ليون تروتسكي. وعندما كان النزاع المتوسع المتصلب الامبريالي الذي تحَول الى الحرب العالمية الثانية، رد تروتسكي على الجهود المتنامية من قبل الحركة الصهيونية وداعميها الامبرياليين لتجريد الشعب الفلسطيني وتأسيس ما سوف يُصبح بعد ثماني سنوات بدولة اسرائيل الاستعمارية-الاستيطانية. الذي تفعله هذه القوات الرجعية، بحسب تروتسكي، هو تحويل "فلسطين" الى "فخ دموي" لليهود. كتب تروتسكي "لم يكن الامر واضحاً أكثر كما هو اليوم، أن خلاص الشعب اليهودي مربوط بشكل وثيق بالاطاحة بالنظام الرأسمالي".[2]

2. ليون تروتسكي في طبعة اللغة الانكليزية:
Leon Trotsky, *On The Jewish Question* (New York: Pathfinder 1970), p. 14 [2009 printing].

وبعد اكثر من ستين عاماً، لم يتحقق تقدير تروتسكي فقط، بل اصبحت المخاطر اعظم، بسبب التصرف المكرر للديماغوجيين اليمينيين تحت ظروف الازمة طالما ان النظام الرأسمالي باقياً - سواء وجدت اسرائيل ام لا. ينشر الديماغاجويون اليمينيون سم المعاداة للسامية ولكره اليهود كترياق لامراض الرأسمالية. رد الحزب على 11 أيلول / سبتمبر تركز على "تحويل امبريالية الولايات المتحدة شمال اميركا الى فخ قاتل للشعب العامل وكل من يعيش هنا". انها تنفذ هذا "عبر قمة الاستغلال المنظم لشعوب آسيا، افريقيا واميركا اللاتينية، ومن خلال الاهانات غير المتناهية لكرامتهم الوطنية والثقافية". وعبر التعاون الدائم في العنف القاتل باشكال غير معدودة. ومن خلال ماهية عمل الراسمالية في مرحلتها الامبريالية.

كما اشرنا، لقد زاد حكام الولايات المتحدة من ترسانتهم العسكرية. انهم يعدون العتاد والعديد داخل البلاد وخارجها تحضيراً لمعارك يعلمون انها قادمة.

بعد ثلاثة اسابيع من استخدامنا للبيان ضمن الحملة، نظّمنا اجتماعاً تعبوياً عاماً في مدينة نيويورك. لقد لفتنا الانتباه في هذا الاجتماع على عدم قدرة حكام الولايات المتحدة لاستثارة الرد الوطني الذي، ولمدة من الزمن، يُروّع الشعب العامل بالانسحاب من النضال عبر مناشدة "الاميركيين للوحدة". وفي اليوم الذي تلى الاجتماع، عشرات الالوف من العمال الحكوميين في ولاية مينسوتا أضربوا ضد جهود المستخدمين لانقاص رواتبهم والتقديمات الطبية. المقاومة العمالية لم تتوقف عبر

نداءات وطنية. النتيجة الكارثية لـ 11 أيلول / سبتمبر لم تكن المناسبة للتبرير لمحاولة فرض عدم المطالبة بالاضراب.

معركة العمال للاعتراف بنقابتهم ضد شركة بوينت بلانك POINT BLANK في جنوب فلوريدا تبرهن انها مثالٌ آخر على المقاومة العمالية. حقيقة انتاج العمال لسترات مدرعة لحساب الشرطة والقوات العسكرية، لم تمنعهم من التنظيم والقيام بصراع من اجل رواتب وشروط افضل في العمل. هناك على الاقل مندوبٌ واحدٌ كان من المفترض وجوده في المؤتمر اليوم لكنه موجود في ميامي آخذاً مسؤوليته في حركة التنظيم النقابية هناك.

من خلال تجربة أشرنا لها بابتهاج في افتتاح ذاك الاجتماع في نيويورك حول حقائق النضال الطبقي في الولايات المتحدة بعد 11 أيلول / سبتمبر، أخبرت قصة كيف أن قبل أيام، وفيما كنا بطريقنا - في اليوم الذي يصادف ذكرى الاستقلال المكسيكي - انا واحد قادة حزب العمال الاشتراكي الى اجتماع في منتصف مانهاتن. بعد خروجنا بقليل من قطار الانفاق - السابواي - مررنا بصبية لاتينية تبيع اعلام الولايات المتحدة. ولم تكن تنادي باي شيئ، حاملة الاعلام متمنية ان يشتري احد ما علم بدولار. لم تكن الحماسة الوطنية هي المحرك الرئيسي لمعظم هؤلاء الذين يبيعون الاعلام والشرائط الملونة في الشوارع في هذه الايام (او اي يوم آخر).

وفي هذه اللحظة بالذات، اقتربت شاحنة كبيرة حول الزاوية، مزينة من قبل صاحب العمل بعلمين ضخمين للولايات المتحدة، واحد من جانب والآخر ممتدّاً من القمرة. رأى السائق

الشاب الإمرأة، واخرج قبضته من النافذة صائحاً : "عاش زاباتا!" راسماً ابتسامة على وجهه ووجهها.

انا مسرورٌ لانني كنت مع رفيق ثاني في هذا الوقت لتأكيد ما حدث! وعندما تتخطى الطبقات الوسطى والمحترفة،لن تجد عمقا لهستيريا وهلع البرجوازية الصغيرة في مدينة نيويورك.

فتحت حوادث أيلول / سبتمبر 2001 أعين العمال والمزارعين في الولايات المتحدة بشكل فجائي وعنيف على العالم. ومن قبل هذا، كان حكام الولايات المتحدة يقنعون وبشكل عريض الشعب العامل وبعد "الانتصار" في الحرب الباردة، أننا لم ولم نواجه "نحن" اية عواقب مباشرة - على الاقل داخل الولايات المتحدة - للعنف الاجرامي والبؤس الواقع على الكادحين في العالم كنتيجة ملازمة لسير الرأسمالية نحو الهيمنة الامبريالية، وقمة الاستغلال، وحروب الفتوحات. بدأ هذا الوهم بالتفسخ في 11 أيلول / سبتمبر.

أعطت الاحداث في نيويورك وواشنطن حكام الولايات المتحدة حجة لتسريع مسيرتهم التي كانوا بصددها منذ خمسة عشر سنة. والتي بدأت مع تعميق ازمة النظام الرأسمالي العالمي بمؤشر انهيار البورصة في 1987 وتداعي الانظمة الستالينية بعدها بسنوات قليلة عبر وسط وشرق اوروبا وفي الاتحاد السوفييتي.

ولكن يأتي هذا التسارع، اذا تمت المحافظة عليه، بتغييرات خاصة به. تحرّك الافعال المراقَبة القوى غير المراقَبة وتأتي بنتائج غير متوقعة. أصبح التطور العسكري والسياسي للقوى الامبريالية العالمية مرتبطة بشكل وثيق أكثر بتطورها

الاقتصادي. مرافَقةً بهزات للرأسمال المالي العالمي عنيفة ومنافسة وغير مستقرة اكثر واكثر.

هذه الخلاصات مهمة للمندوبين هنا للنقاش والتقرير حولها. والتي، على حد علمي ليست متشارَكة بيننا وبين أي تيار آخر في الحركة العمالية. ولأن كل الاعمال التي قامت بها اللجنة الوطنية - والتي هي مسؤولة لتعمل من أجل الحزب في الفترات بين المؤتمرات - قائمة على هذه الاحكام. والتي سوف تستمر بحال تم اعتماد هذا الخط.

مسير الولايات المتحدة نحو الحرب

أعطت الصحافة الرأسمالية الكثير من الانتباه خلال الشهرين المنصرمين لخطاب بوش في 1 حزيران / يونيو 2002 الموجه الى صف خريجين في وست بوينت (مدرسة الضباط تابعة للجيش). أشار هذا الخطاب الى خطوة واشنطن الاخرى تجاه مسير الحرب، وتجاه الاستخدام العدائي للقوة العسكرية. ولكن ليست للاسباب المبلبلة من قبل رؤوس الدمى على التلفاز.

أعلن الذين عينوا أنفسهم مدافعون، والذين كرروا كالببغاء من الكثير من "اليسار"، أن بوش أعلن في كلية عسكرية شيئاً جديداً خطيراً عندما تحدث عن "جهوزيته للقيام بعمل وقائي عند الضرورة للدفاع عن الحرية وللدفاع عن حياتنا". ولكن الحقيقة هي أن جميع الاعتداءات العسكرية من قبل واشنطن وقوى امبريالية أخرى كانت "وقائية".

لم تكن قوات الولايات المتحدة الاميركية العسكرية تتعرض لهجوم في كوريا عام 1945 عندما أمرت واشنطن قواتها احتلال القسم الجنوبي من شبه الجزيرة، قاسمة اياها. وعند حصول النتيجة الحتمية بعد خمس سنوات، اقاموا حرباً اجرامية وغير ناجحة لاحتلال البلد باكمله. لم تهدد كوبا باجتياح الولايات المتحدة في عام 1961 او في عام 1962. خلال اعتداء المرتزقة المدعومين من قبل الولايات المتحدة في خليج الخنازير نيسان / ابريل 1961، والذي لم يكن "فعل دفاع عن النفس" (من قبل الولايات المتحدة) كما لم يكن ايضاً "فعل دفاع عن النفس" خلال أزمة الصواريخ التي اثارتها الولايات المتحدة في تشرين الأول / أوكتوبر 1962. لم ترم فيتنام الاسلحة ضد مدن أو أراضٍ في الولايات المتحدة لاستثارتها لتصعيد قصف وانزال قواتٍ الولايات المتحدة خلال منتصف واواخر السيتينات. كانت هذه الافعال والتي حددت "القرن الاميركي" كلها "وقائية استباقية" اعتدائية من قبل حكام الولايات المتحدة من الحزبين.

وهكذا أيضاً، كانت الحروب الدموية في القرن العشرين بين القوى الامبريالية - الحرب العالمية الأولى والثانية. وخلال السنوات التي تلت هذه المذابح. افتعلت القوى المتناحرة أحداثاً واستفزازات كانوا يعلمون انها سوف تقودهم حتمياً الى توفير حجة لاعلان الحرب وتفضيل مصالحهم القومية على الآخرين.

من الممكن ان نتوقع بداية هذه المسيرة مع خطاب الرئيس فرانكلين د. روزفيلت في تشرين الاول / أوكتوبر 1937 "أعزل المعتدي". الادارة الديمقراطية بدأت السير نحو بناء قوة عسكرية للولايات المتحدة لمواجهة اليابان في الباسيفيك

وتؤسس نفسها كقوة مهيمنة امبريالية في أوروبا، متمنيةً قيادة عملية خضوع او تدمير الدولة السوفييتية العمالية في طريقها. وبحسب التاريخ الذي تعلمناه في المدرسة وكما نرى في اليوميات الرأسمالية والتلفزيون، كان القصف "الاستباقي" من قبل طوكيو لمرفأ بيرل هاربور في 7 كانون الاول / ديسمبر 1941 الذي أدخل الولايات المتحدة في الحرب العالمية الثانية. وكما بلّغ روزفلت الكونغرس في اليوم الثاني أن "العدوان الغادر وغير المحرَّض من قبل اليابان، اوجد حالة حرب بين الولايات المتحدة والامبراطورية اليابانية".

والذي لا يذكره المدافعون عن قوى الحلفاء هو قيام ادارة روزفيلت بعمل "استباقي" ضد اليابان قبل ستة اشهر بحظرها المورودات النفطية اليابانية (كما حظر استيراد الخردة وتجميد جميع الاصول المالية اليابانية في الولايات المتحدة). علمت واشنطن ان هذه الحرب الاقتصادية، التي صُممت لتجويع اليابان وتوقيف عجلة الصناعة، سوف تجبر طوكيو على الرد عسكرياً. ومن المفاجآت الوحيدة، كانت جرأة الهجوم على بيرل هاربور، وامتداد الاسطول البحري الياباني، ووقاحة ومهارة الطيارين "الصفر الصغار" من آسيا.

في الحقيقة، الذي كان ملاحظاً من قبل العمال - ذوو الوعي الطبقي حول خطاب بوش في وست بوينت لم تكن ملاحظته حول "الفعل الاستباقي" ولكن السهولة التي تنقل بها بين اقتراحات لضرب "أعداء" داخل البلد و"أعداء" في الخارج. قال بوش " أمننا يتطلب افضل الاستخبارات لكشف التهديدات المخفية في الكهوف والتي تنمو داخل المختبرات. أمننا

يتطلب تحديث الوكالات المحلية كالـ أف. بي. أي ليكونوا جاهزين للتصرف، وبسرعة ضد الخطر".

والاهم من خطابه في وست بوينت كان خطاب بوش في الكونغرس "محور الشر" قبل أربعة شهور - كان خطابه حول حالة الاتحاد في اواخر كانون الثاني / يناير 2002. نحن نأخذ التهديدات الواردة في هذا الخطاب بجدية. لم يختر البيت الأبيض ببساطة العراق، ايران وجمهورية كوريا الديمقراطية من داخل قبعة كأنموذج لـ"الدول المارقة" التي تحدث عنها كلينتون. وكما أن "محور الشر" ليس ببساطة ثلاثة دول مضطهدة ينوي حكام الولايات المتحدة الاطاحة بحكوماتهم. انها ثلاث حكومات تملك اقتصاداً وهندسة وقدرة تقنية لتضع في يوم قريب رؤوساً حربية - بما فيها النووية - على الصواريخ البالستية. وهذه الصواريخ تمنع واشنطن من ضرب هذه الدول بدون عاقبة. في الحقيقة، الهدف المباشر لقيام نظام مضاد للصواريخ الباليستية من قبل حكام الولايات المتحدة، والذي اعيد تفعيله خلال ادارة ريغان، والذي عاود خلال السنين الاخيرة لكلينتون، والذي الآن يتم دفعه الى الامام من قبل بوش، وهو لاعادة الاعتبار لقدرة واشنطن على استعمال ترسانتها النووية لابتزاز حكومات كهذه الموجودة في العالم الاستعماري، كما "اصدقاءهم"، وامكانية تقلبهم في المستقبل المتغير.[3]

3. ركبت حكومة الولايات المتحدة في تموز / يوليو 2004 اول قاعدة ارضية لصاروخ اعتراضي للصواريخ البالستية في منصة في الاسكا. مشروع بدأ خلال ادارة كلينتون. رحب الرئيس بوش هذا التجهيز ك"بداية نظام دفاعي مضاد للصواريخ والذي تم التخطيط له من قبل رونالد ريغن."

يجب ان نتحرك بحسب الافتراض ان خطط البنتاغون لاجتياح متعدد الجبهات وحرب ضد العراق والتي تم "تسريبها" باكراً هذا الشهر، هي الخطط الابتدائية للتحضير لعدوان عسكري كبير منظم من قبل الولايات المتحدة. وخلال أيام انضم بلير (رئيس الوزراء البريطاني)، متعهداً بدعم ومشاركة كاملين. فصّلت الوثائق المسربة استعمال مخازن العدد الحربية في اوزبكستان وخطط للعمليات الجوية والبحرية والبرية من قواعد عسكرية في الكويت وقطر والبحرين وتركيا وديغو غارسيا واماكن اخرى. هناك آمال عظمى تنتشر بين قطاعات البرجوازية التركية والتي سوف تعرض الامبريالية مقابل تعاون هذه القطاعات بعض التسهيلات الخاصة بعبء الدين المتنامي والازمات الاقتصادية القابضة على هذا البلد. سوف يتأكد حكام الولايات المتحدة ان جلالة العائلات المالكة في السعودية والاردن سوف ينضوون في الحلف معهم قبل اطلاق النار.

واشنطن مصممة على انهاء ما لم تنجزه في حلف "تحرير الكويت" خلال حرب 1990-1991. ينوي حكام الولايات المتحدة خوض الحرب حتى النهاية - لهذا يجمعون حلف. يعتقد حكام الولايات المتحدة أن بوضعهم قدماً في تل أبيب وأخرى في بغداد - وانشاء قواعد عسكرية جديدة الى شمال وشرق وجنوبي ايران - عندها، سوف تستطيع امبريالية الولايات المتحدة من ان تستعيد بعض ما خسرته سنة 1979 مع اطاحة الثورة بنظام الشاه في ايران المدعوم من الولايات المتحدة. واشنطن واثقة ان باستطاعتها اعادة تقسيم التأثير العسكري والسياسي في المنطقة على حساب منافسيها

في اوروبا واليابان وتحسم هيمنتها على النفط والموارد الاخرى. هناك 65 بالمئة من احتياط العالم من النفط موجود في هذه المنطقة، واكثر من 10 بالمئة في العراق والربع في السعودية وحدها.

تقوي الولايات المتحدة وجودها العسكري في اماكن اخرى ايضاً. استعملت الولايات المتحدة حرب افغانستان لتأسيس قواعد عسكرية هناك وعبر الاتحاد السوفييتي السابق في آسيا الوسطى، أي في اوزبكستان، وطاجكستان، وقرغيستان. وافق الكونغرس في كانون الثاني / ديسمبر الماضي على ما يسمى بالمبادرة الأنديّة، والتي بنيت على "خطة كولومبيا" المسبقة لتوسيع تواجد قوات الولايات المتحدة المسلحة عبر اميركا اللاتينية بغطاء "الصراع ضد تجارة المخدرات". الـ 1200 مدرِّب عسكري من الولايات المتحدة في الفلبين والذي كان من المفروض ان يكملوا مهمتهم خلال ايام قليلة، والذين من الممكن ان يصبحوا موطىء قدم، كما ذُكر خلال المحادثات بين واشنطن ومانيلا لاعادة تمركز المخازن العسكرية للولايات المتحدة هناك. على الاقل سيصبحون رأس الحربة في التعاون المتزايد بين الفلبين والولايات المتحدة في الحرب على "الارهاب" و"التطرف الاسلامي" في منطقة الباسيفيك.

هناك اجراءان يحدثان سوياً ولكن بشكل غير متساو: توقُّع امبريالية الولايات المتحدة مقاومة متزايدة من قبلً العمال والمزارعين في المستقبل ولذلك تحضّر لحرب في الخارج ولعسكرة مستمرة على جبهة الوطن. يتقدم كل من ادارة بوش والكونغرس على خطة الحزبين المفتوحة من قبل ادارة كلينتون

والكونغرس خلال السنوات الثماني الماضية. تعزيز ما يسمى بأسس قيادة الدفاع عن الوطن. مركزة العمليات الاستخباراتية. استخدام "الدليل السري". "الاحتجاز الوقائي". اختصار حقوق المراجعة والاستئناف. مستهدفين غير المواطنين والمساجين أولاً. معززين القوات المجوقلة على المستوى الفدرالي وعلى مستوى الولاية والمحلي. لم يبدأ أي شيء مما سبق في اواخر الـ 2001.

سوف تكون القيادة الشمالية جاهزة لاحقاً هذه السنة. تأسس الأنموذج هذا لقيادة الوطن في تشرين الأول / أوكتوبر 1999. والذي يتميز بلغة كلينتون البنتاغونية الرخيمة تحت اسم "الحملة المشتركة للدعم المدني" التي يجري تحويلها ببطء لتصبح كلغة رامسفيلد: القيادة الشمالية في 1 تشرين الأول / أوكتوبر. وتحت شعار محاربة "الارهاب". هذه القيادة العسكرية الجديدة سوف تكون مسؤولة على المحافظة على "النظام والقانون" كلما تطلب ذلك داخل حدود الولايات المتحدة عندما يكون هناك تهديد مدني.

حالياً، يتألف بنيان القيادة العسكرية للولايات المتحدة من تسع قيادات حربية موحدة - القيادة الأوروبية. والقيادة الباسيفيكية. والقيادة الجنوبية. والقيادة الوسطى وهكذا. سلسلة القيادة تمر مباشرة بكل واحد منهم ابتداءً برئيس الجمهورية وحتى وزير الدفاع. سيكون مركز القيادة الشمالية الجديدة في قاعدة بيترسون الجوية في كولورادو. وسوف يترأسُها الجنرال رالف ابرهارت من سلاح الجو. الذي يترأس حالياً قيادة الفضاء للولايات المتحدة. نورثكوم NORTHCOM كما سوف تُسمى كاختصار. وسوف تضم نوراد NORAD - قيادة الدفاع

الجوي الفضائي الاميركي الشمالي- بقائدها من الولايات المتحدة والذي لديه السلطة القصوى من خلال معاهدة، التي تنص ان بدون تشاور مسبق، بامكانه وضع الاسطول الجوي الكندي الملكي تحت قيادته. عند قيام نورثكوم بعد أشهر قليلة من الآن، سوف تقع المكسيك، وبعيون واشنطن لاول مرة، تحت مسؤولية قيادة حربية للولايات المتحدة.

اذا حسبنا ببساطة المعطيات حول الانتاج الاقتصادي، وميزانية التسلح، والترسانة التقليدية والاستراتيجية، فاذاً نستنتج ان امبريالية الولايات المتحدة هي اقوى قوة في تاريخ العالم، تتربع على القمة ضمن اقرب منافسيها على كل الجبهات. ولكنها لمحة من خارج سياق الوقت كما السياسة والاقتصاد واتجاه النمو. المسار الذي نصفه هنا هو مسار لقوة امبريالية تضعف مقابل امكانيتها لاستقرار عالم حيث يعيش مئات الملايين من الكادحين المتململين في البلاد شبه الاستعمارية التي تتميز بالغليان، والحاجة، والمرض كنتيجة لذات النظام الرأسمالي العالمي. تستطيع القوة الامبريالية بنسبة أقل وأقل أن تحافظ على التحديات السياسية التي لم تستطع الا ان تخلقها، لانها قوة لا تستطيع ان تجعل الاقتصاد الرأسمالي العالمي مستقراً، وهي التأثيرات التي تستمر بالضغط على العمال والمزارعين في العالم اجمع. وهي قوة يجب ان تتحمل الثقل غير المتجانس بجعل الكوكب بوليسياً لاجل الامبريالية متنقلةً بين الأزمات التي تخلقها، ومن البلقان الى كل زاوية في العالم الشبه استعماري. انها القوة التي لم تحقق اهدافها حتى في حرب أساسية منذ سنة 1945. القوة

الآن التي من المفترض انها ربحت الحرب الباردة "بدون اطلاق رصاصة واحدة". ليست الآن محيدة من الهجوم داخل ارضها.

تكون اي قوة امبريالية في قمتها قادرة على جعل الانظمة تتبع رغباتها. وان تأمر "الحلفاء" الى الانصياع لها. ولسحق مقاومة في العالم الاستعماري. ولديها الاحتياط الاقتصادي لاستقرار عملتها الدولية وماليتها الخاصة بالدولة. وهذا ليس حال امبريالية الولايات المتحدة اليوم الذي انحدر بتدرج منذ منتصف السبعينات. وبالمقابل، الخطوات التي نشهدها هي جزء من انحدار الامبراطورية الاخيرة في العالم، والتي تواجه اليوم النتائج السياسية والعسكرية لمسيرتها الامبريالية. وفي نفس الوقت، تدخل هذه الامبراطورية الاخيرة في اعظم ازمة اقتصادية منذ الثلاثينات من القرن المنصرم.

أعلى مراحل الرأسمالية

تكون حركتنا مسلحة بشكل أفضل لمواجهة هذه التطورات السياسية اذا نظمنا مدرسة شتوية لقراءة ودراسة كتاب لينين، الامبريالية أعلى مراحل الرأسمالية. بامكاننا ان نطبق هذا بالطريقة المنظمة والمكثفة كما فعلنا مع كتب تروتسكي الخاص بهم والخاص بنا. وتاريخ التروتسكية الاميركية. والوجه المتغير للسياسة في الولايات المتحدة. خلال المدارس الصيفية في الاشهر المنصرمة. نبني هذه المدارس من خلال الوتيرة الاسبوعية من العمل السياسي من قبل اعضاء الحزب واعضاء الاشتراكيون الشباب. وهؤلاء من محيطنا الذين

يفكرون بجدية الانضمام لحركتنا، وذلك لنتشارك ونقتحم ذات المواد السياسية سوياً.

وصف وتفسير لينين للامبريالية هو حجر الاساس لكل ما فعلته الحركة الشيوعية منذ ما يقارب القرن. وهذا هو الحال المستمر.

ركز لينين لتوضيح مسألتين:

• أولاً، قدم تفسيراً حسياً وتفصيلياً للطابع الطفيلي المتزايد للعمليات الرأسمالية في الحقبة الامبريالية.

• ثانياً، مصوّراً التداعيات العملية للتحليل السابق، رفض لينين امكانية اي شكل من "الامبريالية الفائقة" أو "الامبريالية المغالية"، التي بامكانها تخفيض التناقضات المستمرة، وتحييد الصراعات بين الطبقات الحاكمة القومية المتنافسة، وتمييع الصراع الطبقي، وخصوصاً صنع السلام العالمي. وفي المقابل، أصرّ لينين أن الامبريالية افتتحت عصراً من الازمات المتكررة والحروب الامبريالية، والحروب الأهلية، وحروب الهيمنة الاستعمارية، والصراعات للتحرر الوطني، والثورات البروليتارية.

المرحلة الامبريالية من الرأسمالية ممهورة بتزايد هيمنة الاحتكارات الضخمة حول العالم في الصناعة، في التجارة والمصارف. مصوّراً ما كان فسره ماركس في رأس المال، برهن لينين أن بعيداً عن تخفيض المنافسة، تزايد الاحتكارات تجعل من العمليات العمياء للرأسمال الخاص المتناحر أكثر عنفاً. وفي وجه الأزمات، يورط العنف بشكل متزايد قوة ليست محض اقتصادية - من زمر العصابات الخاصة، والشرطة المحلية والعمدة، وفوق كل هذا، الدولة الرأسمالية وشرطتها

ومحاكمها وقواتها المسلحة.

يرفع الاندماج بين الرأسمال المصرفي والصناعي - "الابداع. على أساس هذا الرأسمال المالي. الذي اصبح اوليغارشية مالية" كما قال عنها لينين - من تطفل البرجوازية. يزيد هذا الاندماج. فوق كل شيء. من اعتماد البرجوازية على تضاعف اشكال الديون ضمن سعيها المحموم لكسب الحصة الكبرى من القيمة الزائدة الناتجة حول العالم من قبل عمل العمال والمزارعين وعمال المناجم وصيادي السمك. تتدرج العلاقة بين الدائن والمدين لتصبح محورية لوظيفة الرأسمال العالمي. متجاوزة العلاقة المحورية المبكرة للبائع والشاري. "هذا هو أساس الامبريالية والتطفل الامبريالي" قال لينين.[4] لم يكن لينين ليتفاجأ بانفجار أنواع اخرى من الدين خلال العقدين المنصرمين. وأيضاً لم يكن ليتفاجأ بالنكهات المتزايدة للرأسمال الوهمي: ليس فقط القروض التقليدية المصرفية والسندات. وتلك المسماة المشتقات. او القروض السكنية ودين المستهلك. و"السوابس" SWAPS (وهو الاتفاق لتبادل الكوبونات: الخاصة بالعملة. الفائدة. الدين). و"الريبوس" REPOS (وهو العقد بين البائع والشاري حيث يوافق البائع على اعادة شراء السلعة بعد فترة زمنية او فترة استعمال محددة). THE BOND AND GOLD CARRY TRADES المتاجرة بالسندات والذهب (شراء السندات وبيعها مقابل سعر الذهب). وغيره الكثير لا يتسع لذكره. ولم

---

4. ف.ا. لينين في طبعة اللغة الانكليزية:
Lenin, *Imperialism, The Highest Stage of Capitalism* (New York: Pathfinder, 2002), p. 38.

يكن ليتفاجأ لينين بتزايد تلاعب الدولة - والذي هو عادة مُموه ومُستنكر - باسعار العملات، الديون، المعادن الثمينة، السلع، والتأمين، كما استمرار وضع الحواجز الجمركية المختلفة. كل ما سبق ذكره هو من التجليات العنيفة التنافسية بين الامبريالية نفسها والرأسمالية نفسها وبينهما وأيضاً استغلال شبه استعماري بشكل نزاعات بين الدول.

الرأسمال المالي يُقسم العالم ويعيد تقسيمه بطرق جديدة. ويعيد تنظيم النظام الاستعماري - الذي هو الاستغلال الاقصى للمزارعين والعمال في البلاد "المستقلة" عبر آسيا، افريقيا واميركا اللاتينية - عبر طرق استعمارية جديدة. ويغيّر الرأسمال المالي النظام المصرفي وانماط التجارة والتمويل العالمي. ويزيد هول الدين والفعالية المالية للمضاربة الاقتصادية العالمية التي تفوق تقريباً الخيال وتفوق السيطرة.

انقسام العالم كما وصفه لينين بين حفنة من الامم المُضطَهِدة والغالبية العظمى للأمم المُضطَهَدة - بين القوى الامبريالية والبلاد الاستعمارية وشبه الاستعمارية - سيكون بالاساس نفسه عندما واشنطن تبدأ مغامرتها العسكرية المقبلة كما حصل في عام 1898 خلال ما سُمي بالحرب الاسبانية - الاميركية، عندما احتل حُكام الولايات المتحدة بورتو ريكو والفلبين ودعسوا على رقبة الشعب الكوبي. وسيستمر هذا الوضع طالما الرأسمالية تسيطر على العالم.

وإذا كنت جزءاً من حلقة دراسية، تقرأ وتناقش وتستوعب كتاب الإمبريالية للينين، فإذاً انت مجهز بشكل افضل لفهم الاشكالية باستعمال تعبير "ناشىء"، كما في "بلاد الاسواق

الناشئة". فانت مجهز بشكل افضل لفهم لماذا لم "تنشأ" اي من هذه البلاد كقوة رأسمالية متطورة. ولن تنشأ. وإذا لم تكن أزمة 1997-1998 "النمور الآسيوية" - كوريا الجنوبية، تايوان، وآخرين - برهانٌ كافٍ فالذي يحصل في الارجنتين منذ سنة يتكشف في البرازيل الآن هو بالتأكيد كافٍ.[5] وباستثناء الصين، لدى البرازيل اكبر اقتصاد في العالم الاستعماري، بحسب مؤشر إجمالي الناتج الداخلي. ولكن بدين يصل الى 264 مليار دولار لمصارف الولايات المتحدة ومصارف في دول اخرى كسيتي غروب وجي بي مورغان تشايس، وفليت بوسطون، تبقى البرازيل عالقة باحكام في فئة الأمم المضطَهَدة كما كانت قبل خمسة وعشرون، خمسون، او حتى مئة سنة. وكذا الارجنتين، التي هي من ضمن أكبر الاقتصادات في العالم الاستعماري - وبناء على مدخول كل شخص، تُعتبر الأرجنتين أغنى بمراحل من البرازيل - وهي تُدين بـ 132 مليار دولار تقريباً لمصارف ومالكي السندات في اوروبا الامبريالية بشكل رئيسي كما اليابان والولايات المتحدة. ليس العمال والمزارعين فقط في البرازيل والارجنتين مُستغلين من قبل الرأسماليين المحليين والاجانب ولكن أيضاً عبر عبودية

5. في كانون الاول / ديسمبر 2001 لم تستطع حكومة الارجنتين ان تدفع دين 100$ مليار من سندات الحكومة، والذي يملك أغلبيتها الرأسماليون في اوروبا الغربية. البيسو (العملة الارجنتينية) والذي كان مربوطاً بالدولار، تم فصله عن الدولار ونقصت قيمته بنسبة 75 بالمئة. وكان لهذا نتائج كارثية على الشعب العامل وشرائح واسعة من الطبقة الوسطى في الارجنتين. وفي السنة التالية، وخلال هبوط النمو الاقتصادي بنسبة 12 بالمئة، ارتفع معدل البطالة بنسبة 25 بالمئة تقريباً وصل التضخم الى 40 بالمئة. ولدت أزمة الارجنتين موجات ارتدادية الى المنطقة.

الدين الى الرأسمال المالي العالمي عن طريق البرجوازيات الوطنية وكلاء الرأسمال المالي العالمي.

أشار لينين ان في التمرد ضد النتائج الاجتماعية لأعلى مراحل الرأسمالية، الإمبريالية، تنمو المقاومة بين العمال وكادحي المناطق النائية في مراكز الرأسمال المالي نفسه وفي الأمم المضطَهَدة. بالاضافة، كما وصف بعد اربع سنوات في المؤتمر الثاني للأممية الشيوعية، الولوج الرأسمالي في أجزاء متزايدة من الكرة الارضية يتيح لأول مرة لحركة العمال ان تصبح أممية في تركيبتها وانتشارها.[6] كتب لينين ان هذا واقع حتى في الاجزاء الاقل نمواً اقتصادياً في العالم. عندما يدرك المناضلين للتحرر الوطني مصالحهم المشتركة - كما يدركون اعدائهم الطبقيين المشتركين - مع العمال والمزارعين الذين انتزعوا السلطة في روسيا السوفييتية، تزدهر الاحتمالات لنمو قيادات تناضل من اجل ديكتاتورية ثورية شعبية، من اجل حكومات مبنية على أسس السوفييت (المجالس العمال والمزارعين المنتخبة - المترجم) الكادحين المضطهدة والمستغلة. واصبح هذا وجهة نظر واقعية للعالم. واعترافاً بهذا، توقعت

6. لينين، في تقريره الافتتاحي الى المؤتمر الثاني للأممية الشيوعية، قائلاً ان الاجتماع "يستحق عنوان مؤتمراً دولياً" لان "لدينا هنا عدداً لا باس به من مثثلي الحركات الثورية في البلاد الاستعمارية والمتخلفة. هذه بداية صغيرة فقط، ولكن المهم ان البداية ابتدأت."
Lenin, "Report on The World Political Situation and the Basic Tasks of the Communist International," in *Workers of the World and Oppressed Peoples Unite!*, vol. 1, p. 144. Also in Lenin. *Collected Works*, vol. 31, p. 232.

الكومنتيرن (الأممية الشيوعية) ظهور اشخاص مثل توماس سانكارا في بوركينا فاسو وموريس بيشوب في غرانادا وذلك قبل نصف قرن. وفي طريقتها الخاصة، توقعت بروز اشخاص مثل مالكولم اكس، الذي نشأ نحو الاشتراكية الثورية من صفوف البروليتاريا السوداء المناضلة في الولايات المتحدة، ليصبح قائداً على مستوى نوعي عالمي.

الامبريالية الفائقة-القوة؟

يجب علينا ايضاً ان نناقش ونستوعب الجانب الآخر الأساسي لإمبريالية لينين: الموقف العنيف من وجهة نظر كاوتسكي - قائد المركزية الألمانية - التي كانت تقول بان هناك اتجاه نحو توحّد الإمبريالية الذي سماه كاوتسكي "الإمبريالية الفائقة-القوة". هذه لم تكن نظرية او فكرة، بل كانت تبريراً للمسار السياسي الذي اوصل كاوتسكي وعدة قادة آخرين من الأممية الثانية بعيداً عن الماركسية ونحو التصالح مع برجوازيتهم - التي تجسدت كحقيقة مرعبة خلال المجزرة بين الامبريالية في الحرب العالمية الأولى ونتائجها. كانت هذه المسألة وستبقى مسألة خلفية سياسية أي توجيه طبقي، وبكلام آخر، انها ردة فعل فطرية عند المناضل.

لم يتحدى كاوتسكي وقادة مركزيون أخرون الحقائق الأساسية المقدمة من قبل لينين حول الهيمنة المتزايدة للاحتكارات والرأسمال المصرفي. بل نكروا ان هذه الاتجاهات سوف تزيد عنف الرأسمالية عالمياً وتوفر الشروط للانقلاب عليها من

قبل الكادحين الذين تقودهم طليعة بروليتارية. قال المركزيون أن هذه الاتجاهات خلقت الشروط لتطور نظام مستقر مبني على انحراف مصالح اكبر الرأسماليين والذي سوف يصعّد تناقضات الصراع ويؤسس للسلام على الأرض عبر الزمن.

هذا التحليل يؤدي بشكل سريع الى طريق مختصرة، كما قال لينين، والتي تبتدىء بعبادة الرأسمال المالي ومظهره الكلي القدرة. بكل صراحة، بامكان المركزيون ان يكونوا نقديين لما يسمونه "إمبريالية فائقة-القوة" وافعالها الجشعة والحقيرة. بامكانهم ان يتحدثوا بضراوة ضدها. مع ذلك، تراهم يعطون اوصافاً غير موجودة للنظام الرأسمالي العالمي، كما يزينونه باوصاف لتجميله واظهار مناعته اكثر. الكثير من الحديث الذي سمعناه خلال السنوات الماضية حول "العولمة" وعن المؤسسات "عبر الدول" التي تستبدل الدول القومية، هو ببساطة اعادة تأطير لتبرير كاوتسكي الذي ضحده لينين في الإمبريالية وفي كتابات أخرى.

واحد من الشعارات التي سبقت، اصبح الشعار الذي تراجعت بموجبه معارضة البرجوازيين الصغار في حزب العمال الاشتراكي من الطبقة العاملة والأممية البروليتاريا، وذلك في مساء الحرب العالمية الثانية، تحت ضغط المجازر الامبريالية القادمة. اقرأ في الدفاع عن الماركسية لليون تروتسكي والصراع من أجل حزب بروليتاري من قبل جايمس كانون واقرأ ماذا يقول القادة الشيوعيين عن نظرية البيروقراطية الجماعية خلال الصراع ضد هذه المعارضة بقيادة جايمس بيرنهام و ماكس شاكتمان عام 1939-1940. ومع إمبريالية لينين، تبقى هذه

البراهين من قبل تروتسكي وكانون علامات تاريخية حول هذه المسائل. عند انسحاب المرتدين عن الماركسية من الصراع البروليتاري، كانوا يستمروا لبعض الوقت يكتبون عن ويتذمرون من ويؤشرون الى العيوب والاخلاق الشريرة للرأسمالية، وصناعتها وزراعتها. وفي نفس الوقت كانوا يبنون قضيتهم حول مفهوم يقول ان من غير الجدي ان تحاول الطبقة العاملة ان تفعل شيئاً عنها، أي شيء ثوري يقود الى حكومة عمال ومزارعين، الى دكتاتورية البروليتاريا.

اليوم، يقول نعوم تشومسكي، الذي يطلق على نفسه صفة الفوضوي، يفعل الشيء نفسه. لهذا يعود سبب ان جذريته لا تعتبر تهديداً للقوى الحاكمة. ولهذا هناك سم ضد الطبقة العاملة في علاجه الجذري، وخصوصاً ضد الطبقة العاملة في الولايات المتحدة.

كل اتجاه نحو الانحلال المفترض لحدود الدول الامبريالية العظمى في عصرنا كان وسيبقى ضربٌ من الخيال. المعارك التجارية بين هذه القوى، التي تظهر نفسها بشكل من الاشكال، كصراعات ديون وعملة، لا تستطيع ولن تستطيع ان تتغلب عليها. كل نجاح ظاهر في وقف أزمة ما، يؤجل ويزيد من قوتها في المرة القادمة، جاعلاً التناقضات اكثر حدة.

التنافس أو الموت

يؤدي تصرّف الرأسماليون البراغماتي دون استثناء، لا محالة، إلى ضرورة التنافس أو الموت على أساس أن الذي يحدث

سيستمر دائماً بالحدوث. يسعى الرأسماليون الى مضاعفة الارباح التي تعود حالياً بأعلى مقابل. وكل ما ضخّم الرأسماليون الديون لتقصير مدة ارجاع الرأسمال لحصد الارباح الضخمة. وكل ما ظهر أي رأسمالي بمظهر الناجح. يضمنوا حصول كارثة عندما يهتز الهرم أكثر بسبب استهلاك الاتجاهات الاقتصادية نفسها وبعد ذلك تنقلب هذه الاتجاهات. وعندها يتحول الحديث عن "الاقتصاد الجديد" و "نهاية الدورات الاقتصادية" وحتى "نهاية التاريخ" الى كلام مرّ. انها دائماً "مختلفة هذه المرة". حقاً. ودائماً نفس النتيجة.

اليوم. لا تستطيع العائلات المالكة للرأسمال المصرفي ومجموعات اجرائهم من مدراء ومن سياسيين وتقنيين وآكاديميين ومحترفين - أي "النخبة المدركة" - أن تصدق ما يحدث لجبال القيم الورقية التي راكموها خلال العقدين المنصرمين. الشيء الذي نجح بشكل رائع مع اصحاب الامتياز خلال هذين العقدين. والذي بدا كمال مجاني. ولّد اليوم فقاعات من الديون المتضخّمة - عندما تتقاطع الديون وتقوّي الواحدة الأخرى. وقبل انكماش أسعار الأسهم في البورصة ووصولها عبر مسيرتها الطويلة الى ادنى مستوياتها - سوف تفلّس الديون المصارف الرئيسية. الشركات الوسيطة. شركات التأمين. تراسات التقاعدية والصحية. والشركات الصناعية والتجارية.

ولأول مرة منذ بداية الثلاثينيات من القرن المنصرم المليئة بالكساد الاقتصادي والحروب كل البراهين في البلاد الرأسمالية المتقدمة تشير الى بداية شيء أكبر من الركود كما حصل في الـ 1974-1975 والـ 1980-1981. أو 1990-1991.

نحن نرى العوارض المميتة للدين الانكماشي، التي تتجاوب ببطء مع الحث المالي والنقدي الذي يسرّع الارتفاع في الدورة التجارية العادية. باختصار، نحن في المراحل الابتدائية لما سوف يُعرف ككساد عالمي.

عندما تكون معدلات الارباح تحت هذه الانواع من الضغوط، كل رأسمالي يكثّف المنافسة للحصول على أكبر حصة ممكنة من الثروة، فائض القيمة، التي انتجها عمل العمال والمزارعين. وانهم المصارف الاكبر الذين يمنحون القروض الأكبر، مثل: سيتي بنك، جي بي مورغان تشايس، بنك اوف اميركا، والقليل غيرها. يُعتبر في دفتر الحسابات ان هذه القروض الضخمة هي من الأصول لانها تضمن تدفق منتظم من مدفوعات الفوائد. طبعاً طالما ان المدينين يستطيعون ان يدفعوا. وعند زيادة الافلاس والتوقف عن دفع القروض، تتلقى أكبر المصارف وشركات التأمين، والمؤسسات الوسيطة، أقوى ضربة. وعندما تبدأ هذه المؤسسات بالتصدع - تلك التي صنفتها وكالات الوال ستريت كـ"أضمن" والـ "أكثر صلابة" - عندها تلوح بالأفق الكارثة المالية.

فلنفترض، مثلاً، أن شركة كبيرة سمحت لك أو لعامل آخر باستئجار سيارة بأقل من واحد بالمائة فائدة. وليس هذا فقط، ولكن سمحت الشركة ببيع السيارة واستخدام المال - بشرط أن توافق ان تُعيد سيارة بقيمة مطابقة عندما يطلب الدائن دينه. بالإضافة، اذا بدأ سعر السيارات بالصعود - وبدأ الدائن بالقلق من أنك لن تستطيع ان تشتري سيارة بالمقابل لارجاعها - تتدخل شركة التأجير خفيةً للمحافظة على سعر

السيارات في السوق! لتستطيع أنت ان تشتري سيارة بأقل مما بعت واحدة ذات ميزات مطابقة وارجاعها الى شركة التأجير، وتذهب بربح جيد. وتسترجع عندها شركة التأجير سيارتها غير المستعملة زائد واحد بالمئة فائدة.

انها لصفقة، أليس كذلك؟ لكن العمال ليس لديهم هذه الامكانية، طبعاً. نحن أعضاء في الطبقة غير المناسبة.

مع ذلك، لدى المصارف العملاقة هكذا خيار كالمثال السابق. وخلال العقد الماضي، أخذت الامور المنحى المذكور سابقاً حتى بدأ الوضع يتعثر منذ سنة او اقل. كيف تعمل هذه الأمور؟

تُقرض المصارف المركزية، التي تملك كمية ضخمة من الذهب، الى حفنة من أضخم المصارف التجارية والاستثمارية وشركات التأمين مقابل فائدة إسمية - عادة ما تكون حوالي واحد بالمائة. بدورها تقوم هذه المؤسسات المالية ببيع الذهب ويستثمرون النقد بسندات أو إقراضه مقابل سعر بسيط. عندها، تخلق أكبر المصارف سوقاً لما يسمى مشتقات الذهب - وهو تعبير طنان للمراهنة على مستقبل توجه اسعار الذهب (رهانهم دائماً محصور أن الاسعار سوف تبقى على ما هي عليه بأسوأ الحالات) - والتلاعب بالسوق للمساعدة بإبقاء الاسعار منخفضة. وعندما يحين وقت ارجاع قرض الذهب، المؤسسة التي اقترضته تشتريه بسعر منخفض، وتضع الفارق بحوزتها، وتُعيد الذهب.

وهذا شيء رائع لـ "مصرفيي السبائك الذهبية" كما يسمون - طالما أن الرأسمالية في صعود، وأسعار الأسهم

تخلّق. ونسب الفائدة الحقيقية عالية نسبياً. وليس هناك اهتمام بشراء الذهب من قبل الأغنياء من شركات وأفراد. وعندما ينعكس الأمر، الطلب على الذهب يبدأ بالتنامي وتبدأ أسعاره بالتزايد تدريجياً. كل هذه الرهانات غير المدفوعة بعد. حول الانخفاض المستقبلي لأسعار الذهب - قيمتها عشرات المليارات من الدولارات - تصبح غير نافعة بعكس حالها بالماضي. هذه المشتقات تصبح قنابل موقوتة. تواجه المصارف تضييقاً متزايداً. سوف تقاتل هذه المصارف لتجنب العواقب غير المستقرة للتقلبات العنيفة الخاصة ليس فقط بسعر الذهب بل أيضاً بالسلع الرئيسية وأسعار العملات الرئيسية في البلاد الامبريالية.

للمزيد. هذه الرهانات حول سعر الذهب هي جزء بسيط من مجموع الرهانات غير المدفوعة بعد - أي في اتجاه نسب الفائدة. وقيمة الدولار والعملات الأخرى. وأسعار الأسهم والسلع. وغيرها الكثير. عالمياً. القيمة الإسمية لهذه الرهانات - هذه المشتقات - تضاعفت أكثر من مرة بين عامي 1995 و2001. إلى ما مجموعه 120 تريليون دولار. وفي الولايات المتحدة. ستون بالمائة من المشتقات تملكها خمس شركات مصرفية فقط. شركة جي بي مورغان تشايس تملك أكبر حصة - 25 تريليون دولار - يتبعها بنك أوف أميركا وسيتي كورب.[7] وعندما بدأ التغيير السريع في وجهة نسب الفائدة. سعر الدولار.

---

[7]. في نهاية 2003 القيمة الإسمية للمشتقات وصلت عالمياً الى 200 تريليون دولار. وأكثر من ثلثهم في يد مصارف الولايات المتحدة. وفي نهاية أول ربع من عام 2004. وصلت سيطرة الخمس مصارف الاولى في الولايات

والأسهم، والذهب، وسلع أخرى خلال السنتين المنصرمتين، بدأت هذه الرهانات ذات الأجل الطويل بالاهتزاز. الوضع يشبه قليلاً مَثَل الحصان المفضّل الذي كسر ساقه خلال أهم سباق بعد المراهنة عليه. هكذا تكون نتيجة الرهان على شيء رابح.

من الجدير التذكر، اننا نعلم لدرجة معقولة حول مخاطر الائتمان لمصارف مثل جي بي مورغان تشايس وسيتي بنك، لانهم بالقانون هم مصارف مصنفة "مصرف تجاري" والتي يجب أن توثق كمية كبيرة من المعلومات الى الحكومة الفدرالية للسجلّ العام المتاح للجميع. مع ذلك، حجم الدين ممكن أن يكون هو نفسه (مثل المصارف التجارية) مع الـ "مصارف الاستثمارية" مثل غولدمان ساكس، ميريل لينش، دويتشه بنك، أو كريدي سويس فيرست بوسطن، وذلك بالرغم من أن المعرفة العامة المتاحة هي أقل بكثير.

في عام 1933، وكجزء من جهود حكام الولايات المتحدة لاستقرار وخلاص النظام الرأسمالي خلال فترة الكساد الكبير، تبنى كونغرس الولايات المتحدة قانوناً باسم قانون غلاس ستيغال. وضمن هذا الاصلاح، كان يجب على المصارف أن تفصل بين العمليات المصرفية "التجارية" - أي، اقامة حسابات شيك مصرفية وحسابات توفير كما اصدار قروض عقارية وقروض أعمال - والعمليات المصرفية "الاستثمارية" أي لعب دور السمسار للشركات الكبرى لتداول أسهمهم وسنداتهم. من المفترض أن تحصل المصارف التجارية على

المتحدة الى 94 بالمئة من جميع المشتقات في الولايات المتحدة. لوحده جي. بي. مورغان تشايس يملك اكثر من 50 بالمئة (اي حوالي 40 تريليون دولار).

أغلب أرباحها من فوائد الاقساط على قروض الاعمال والقروض العقارية والشخصية المدعومة من قبل اكبر ودائع ذات فعالية مالية. ومن جهة أخرى. تُثرى المصارف الاستثمارية عبر الرسوم التي تجنيها من وساطتها لصفقات الاعمال كبيرة. بما فيها مشاركتهم في هذه الصفقات. وضمن قانون غلاس ستيغال يجب ألا تخلط أي مؤسسة هذين النشاطين. والتي تتضمن واجبات متناقضة وتضارب مصالح. كان على هذا القانون ان يمنع اغراء المصرفيين لصب كل المال بتصرف المصرف - بما فيها حسابات الشيك المصرفية الخاصة بالعمال والطبقة الوسطى - في قروض خطرة لشركات على علاقة بها (مثلاً. إنرون أو وورلدكوم اليوم). أو في "منتجات مالية" ذات خطر كبير. (منها. هنالك العديد العديد من الأشكال في بداية القرن الواحد والعشرون مما حُلم به في عام 1933).

عبر السنين. وجدت المصارف طرق اكثر فاكثر للالتفاف حول قيود قانون غلاس ستيغال. وفي عام 1995 - خلال مبادرة ادارة كلينتون ووزير الخزينة. الليبرالي الديمقراطي الخبيث المتاجر بالسندات في وال ستريت روبرت روبين - تم القضاء على القانون. وفُتحت الأبواب على مصراعيها لهم.

لقد بدأ هرم الدين بالإهتزاز

عندما يبدأ هرم الدين العملاق بالتخلخل. سوف تكون أكبر المؤسسات المالية في العالم - مصارف. صناديق الاستثمار. شركات التأمين. صناديق التقاعد - في الجهة الخاسرة. الانهيار

وشطب الديون خذل في نهاية المطاف هؤلاء الدائنون. الانهيار المتتالي لعدد من هذه الكتل الضخمة بامكانه ان يشل حركة المصارف المالية العالمية. وفي افضل الحالات، سيقف أكثر المصارف حكمة بدون حيلة، أو بهلع، ويجعل الازمة العالمية اكثر سوءاً وانتشاراً.

المسألة ليست معقدة. عندما يسمع احدنا عن صفقة ضخمة حول المشتقات التي نناقشها، يجب علينا التذكر دائماً انه هنالك جهتان لمثل هذا الاتفاق، احدى الجهتين تجني ارباحاً والأخرى تخسر - وأحياناً بمبالغ أكثر بكثير.

الجهة "الطويلة" - أي هؤلاء الذين يراهنون على صعود أسعار الأوراق المالية والسلع لشراء خيارات لعدد معين من الأوراق المالية في تاريخ معين بسعر معين - واذا هبطت الاسعار هناك احتمال خسارتهم كل استثماراتهم، ولكن هناك حدود معروفة لخساراتهم.

تكون المخاطر اكبر لهؤلاء الذين يقبعون في الجهة "القصيرة" أي هؤلاء الذين يستدينون كثيراً من المصارف ("هامشي" هكذا تسمى هذه العملية في وال ستريت) لتغطية التزاماتهم تجاه الطرف الآخر في المعاملة. واذا بدأت الرهانات بالتدهور - اذا اتجهت اسعار الأسهم، نسب الفائدة، العملات والسلع الى جهة غير المراهن عليها - تتجه الخسارة فعلياً الى اللا حدود وذلك لأن المصارف تبدأ بالمطالبة بقروضها ("المطالبة بالهامشي").

هذا النوع من الرهانات "العارية" او "غير المغطاة" هي جزء من سيكولوجيا رأس المال خلال فترة الازدهار. عندما

تصبح الثقة تقريباً مطلقة أي انها "مؤكدة" لصعود أسعار الأوراق المالية او هبوط نسب الفائدة وأسعار أغلب السلع (بما فيها الذهب والنفط). ولكن عندما تبدأ هذه النسب والأسعار بعكس اتجاهها "بدون توقع"، اي المضاربة الفعالة على الدين في الهرم المالي الذي يبدأ بالاهتزاز. وطالما يستطيعون، تمد المصارف شركات التأمين، وشركات الأسهم، صناديق الاستثمار، مخططات التقاعد، الصناديق التعاونية، منتجي الذهب أصحاب الديون العالية، وكتل مالية أخرى "لكي يخرجوا" من الأزمة. وفي مرحلة معينة، تبدأ هذه المؤسسات الضخمة بالتمنع عن دفع ديونها. وفي أسوأ الحالات - والتي برزت أكثر من مرة في التاريخ - يبدأون بشكل كارثي بانحدار المصارف معهم.

عندما بدأ سوق الأسهم بالانحدار عام 2000، حاول المعلقون كما عدة مطبوعات مالية ان تقلل من وقع الأزمة بقولهم انها أزمة عابرة ومحصورة لأسهم التكنولوجيا. "لا تجزعوا" قيل لنا. "لن تهتز الأمور هنا كما في اليابان. هناك فقاعة كبيرة في اليابان في حقلي العقاري والمصرفي. في الولايات المتحدة انها محصورة فقط في الكومبيوترات وشركات الانترنت وما شابهها".

ولكن هذا أسوأ من التفكير بنية حسنة. انها لحقيقة ان اسعار الاسهم لعدة شركات التكنولوجيا المتقدمة، كما تسمى - شركات الانترنت أي الدوت كوم، وشركات الاتصالات مثل وورلد كوم وغلوبال كروسينغ، وغيرها الكثير - صعدت بشكل صاروخي في اواخر الـ1990 الى حدود خارجة عن المنطق مقارنة بموجودتها وعائداتها وارباحها، وامكانيات ازدهارها. أنتج

عدد أكثر من الكومبيوترات والسلع المتعلقة به مما تحتاجه الأعمال او مما يباع باسعار يتحملها او مستعدة لدفعها من أفراد او شركات. كان هناك ما يفوق قدرة السوق على الاستيعاب من الانتاج والتي تستلزم سنوات وسنوات من النمو الاقتصادي لتصريفها. وذلك بسبب اقفال المصانع، وازالة المعدات، وانهيار موجودات الرأسمال، وفقدان السلع المنتجة قيمتها واستمرار الاسعار بالانخفاض. مثلاً، أقل من ثلاثة بالمائة من تسعة وثلاثون مليون ميل من الألياف البصرية الموجودة في الولايات المتحدة استعملت خلال العقد المنصرم!.[8]

ولكن ليس الهوس في التكنولوجيا العالية أو الافلاسات المتعددة أو الاحتيالات الحسابية الضخمة مثل ما حصل مع وورلد كوم وإنرون التي تقبع في جذور الأزمة الرأسمالية الحالية. هذه فقط عوارض التفافية عن الفقاعة الضخمة للدين التي بناها الرأسمال المصرفي خلال تقريباً العقدين المنصرمين لمواجهة فائض الانتاج المتنامي العالمي والضغط لخفض نسب الأرباح. لا علاقة لنقطة ضعف الرأسمال العالمي بقيمة وورلدكوم او إنرون اليوم. فقاعة الدين متمركزة في مؤسسات "المال القديم المحترم". السؤال الحقيقي هو: ما هي قيمة غولدمان ساكس؟ او جي بي مورغان تشايس؟ او سيتي بنك؟ ما هي قابلية استمرار

---

[8]. بناءً على موقع telegeography.com ناشر International Bandwidth 2004 "الحمل الزائد يستمر باستنزاف هذه الصناعة." في نهاية 2003. كما يقولون. "فقط 3 الى 5 بالمئة من القدرة القابلة على الترقية" لكوابل الالياف البصرية الممتدة تحت البحار وتحت الارض هي مستعملة في أوروبا والولايات المتحدة.

المصارف والمؤسسات المالية التي اصدرت الدين. حتى "ترسمل" ديون بطاقات اعتمادك؟ - ما تسميه وال ستريت "securitizing" (أي اصدار اوراق مالية من الديون - المترجم). صدقوا، ايها الاخوة والاخوات! بالنسبة لهم، ديون بطاقات اعتمادكم هي مصنفة لديهم كموجودات! ما هي مدى صلابة المؤسسات التي تقف خلف كل اشكال الرأسمال المزيف الذي يسمح لمالكي عدة شركات لحصد الارباح غير المنطقية من انحاء العالم نسبياً لاي تمدد مستمر للقدرة الانتاجية ذات الحاجة الاجتماعية؟

مخاطراً بتبسيط مغالٍ للامور: عندما تنخفض نسب أسهم مايكروسوفت، يحزن بعض الاشخاص في ولاية واشنطن. وعندما تنخفض أسهم شركة آبل تحزن مجموعة أخرى من الأشخاص في كاليفورنيا. وعندما تنخفض أسهم أي بي أم، يحزن بعض الاشخاص في نيويورك. وعندما تفلس إنرون، يحزن أشخاص كثيرون في تكساس. وتنوح ميسيسيبي لاجل وورلدكوم. ولكن عند انخفاض اسهم جي بي مورغان تشايس، ترتجف العائلات الرئيسية صاحبة الرأسمال المصرفي في الولايات المتحدة.

ولهذا اهتز الرأسمال العالمي بسبب الأزمة المالية في آسيا والتمنع عن دفع الديون في روسيا خلال 1997-1998. ولهذا السبب،

الرأسمال المالي من التأكيد أن الارجنتين والبرازيل باستطاعتها تغطية ديونها العملاقة الى مصارف مثل جي بي مورغان وسيتي بنك. اضطر مصرف مورغان ان يلغي 350 مليون دولار من الديون للارجنتين في عام 2001، ولديه دين خطر الآن

على البرازيل بأكثر من مليار دولار.

أكثر اسم مؤسسة غير مطابق لواقعها في العالم هو "ادارة رأسمال طويلة الأمد"(أي LTCM) والتي كانت عملاق صناديق الاستثمار في الولايات المتحدة - كصندوق تعاوني غير مراقب وحصري للأكبر الأثرياء. في عام 1998، شحذت الـLTCM من الرسميين في مصرف الاحتياط الفدرالي، تحت عنوان مواجهة خسائر عظيمة "لاستثماراتها" - وكانت هذه بالحقيقة هي مقامرة بالمشتقات. (جرّب أن تذهب بنفسك الى مصرف الاحتياط الفدرالي وان تشرح لهم انك استدنت وانك سرقت وذلك لاستثمار المال في ربح اكيد وخسرته. وتحقق اذا دفعوا كفالتك لخروجك من السجن - او يجب على محبينك ان يكفلوك). LTCM تتعاطى في الرهانات بحسب حركة نسبة الفائدة وسعر العملات، وربما مشتقات الذهب كل دقيقة بدقيقتها، والتي وصلت لحد 1.25 تريليون دولار التي انتهت بالخسارة بسرعة. ولم يكن بامكان الـ LTCM ان تدفع ديونها المستحقة الى أكبر المصارف العالمية. (هذا كان هو السبب الرئيسي، طبعاً لمساعدة المصرف الاحتياطي الفدرالي وليس بسبب اهتمامهم حقيقة بالـLTCM).

في السنة الماضية، حصل اثنان من الـ"ادارة الرأسمال الطويلة الأمد" التي اصبح اسمها بسرعة "ادارة المضاربة الساقطة القصيرة الأمد" على جائزة نوبل للاقتصاد لتطويرهم معادلة حسابية مبينين كيفية تقليل المخاطر في سوق المشتقات! وبالنظر الى انهيار الصندوق، لاحظ أحد الحاصلين على الجائزة "في المعنى الضيق، لم يكن هناك أي خطر

- لو تصرف العالم كما الماضي". عبقري! الكثير من التأكيد الحسابي ورابح جائزة نوبل! اغبى من أي شيء. وأجشع من العم ذهب.

تدخّل رئيس مصرف الاحتياط الفدرالي النيويوركي في ايلول / سبتمبر 1998 منظماً حوالي خمسة عشر مصرفاً وشركة سمسرة لتغطية الـ LTCM بـ 3.5 مليار دولار - غالبيتهم من وال ستريت وايضاً من لندن وباريس. أعرب آلان غرينسبان رئيس الاحتياط الفدرالي بعدم اعتقاده بحكمة تدخُّل فرع من مصرف مركزي في الولايات المتحدة بشكل واضح. ولكن موقفه الشخصي حول الوضع لم يكن مريحاً تجاه الطبقة الرأسمالية التي يخدمها. قال غرينسبان انه يعتقد بان "احتمال انهيار الـ LTCM سوف يُفكك النظام المالي العالمي بشكل ملحوظ بنسبة أقل من 50 بالمائة". النظام العالمي المالي برمته! ومنذ أيام قليلة، أخبر غرينسبان الكونغرس بأن "الجشع المُعدي يبدو انه يستحوذ على جزء كبير من مجتمع الأعمال". من الصعب عدم الاتفاق مع ما سبق باستثناء العدد وتصريف الفعل. وبعكس صراخ غرينسبان الزلق، ليس الجشع هو شذوذ ضمن النظام الرأسمالي، ولكن هو جزء من خاصية الأعمال. ويعلم ذلك جيداً رئيس الاحتياط الفدرالي الذي كان معاوناً لآيان راند لعدة عقود. الجشع هو جزء أساسي في المنافسة الرأسمالية. وكما يقول مراراً الرئيس الكوبي فيدل كاسترو ان الرأسمالية هي نظام شريعة الغاب. انها محرّك علاقات السوق. إن الجشع وشريعة الغاب أساس المعايير الأخلاقية البرجوازية التي تُبرز إحتقارها بسعادة للتضامن الانساني. المعايير الأخلاقية العائلية تقف

عند حدود الستين عائلة أميركية. [العائلات التي تشكل الطبقة الحاكمة في الولايات المتحدة - المترجم]

الفقاعة التي لم تنفجر في الولايات المتحدة هي فقاعة العقارات. والتي هي أيضاً سوف تنفجر. ومن المحتمل ان لا تبدأ بانهيار سوق العقارات كما حدث في اليابان حيث انخفض سعر العقارات التجارية لاكثر من 80 بالمائة خلال العقد الماضي كما شهد سعر المنازل انخفاضاً بنسب أقل. ومن يتابع منكم صحفه المحلية يعلم بالزيادة السريعة لاسعار المنازل خلال الخمس سنوات الماضية. وجزء من فقاعة القيمة الورقية كان الرهن العقاري للعمال والطبقة الوسطى - وليس لشراء منازل ولكن لتأمين اعادة الرهن لمدفوعات أخرى والذي يدخلهم بشكل أعمق في الديون. منذ 1995 ارتفعت اسعار المنازل بشكل أسرع - 30% أسرع - من درجة التضخم. ولكن القيمة المدفوعة للمصارف والشركات المالية هي بادنى درجاتها منذ الحرب العالمية الثانية.[9] وحتى انخفاض بنسبة 10% باسعار المنازل سوف يمحي أكثر من تريليون دولار من الأصول المناسبة للقيمة الورقية للمنازل. حالياً هناك ارتفاع بنسب مصادرة المصارف لمنازل العائلات التي لم تعد قادرة على اكمال الرهن.

---

[9]. في منتصف 2004. وحتى مع نسب فائدة ترتفع. الفقاعة العقارية كانت تستمر بالتضخم. اسعار المنازل ارتفعت 40 بالمئة بسرعة اكثر من النسبة العامة للتضخم خلال السنوات الثمانية المنصرمة. وفي أيار / مايو 2004. القروض العقارية للمنازل تضاعفت الى 326 مليار دولار وذلك فقط في خلال ثلاث سنوات. ما يملكه الاشخاص من قيمة المنزل كانت دائماً قليلة. وانخفضت هذه القيمة الى 55 بالمئة من قيمة المنزل في السوق في منتصف 2004 والتي كانت 84 بالمئة عام 1945. المعدل العام عبر هذه العقود الستة كان 67 بالمئة.

بالاضافة، عند هبوط قيمة المنزل، تصبح ديون العمال والطبقة الوسطى مدمرة أكثر وأكثر لأن القدرة على الاستدانة مجدداً لنفس المنزل تنخفض أيضاً. حالياً يصل معدل دين العائلة الى درجة غير مسبوقة.[10]

ان وخز الفقاعة العقارية سيكون له استتباعات جوهرية على النظام المالي الرأسمالي باكمله. تقوم المصارف والدائنين الآخرين بتشريح الديون العقارية الذي اصدروها، واعادة تعليبهم بحسب المخاطر ومن ثم يبيعونها الى مؤسسات مالية ضخمة مدعومة من الحكومة مثل مؤسسة الرهن العقاري الوطنية الفدرالية (Federal National Mortgage Association) وشركة الرهن العقاري المنزلي (Federal Home Loan Mortgage Corporation) - والمشهورين باسماء الـ NASCAR فاني ماي وفريدي ماك. يسيطرون مجتمعين على أكثر من 40% من سوق الرهن العقاري المنزلي - أي 3 تريليون دولار من الرهونات - فانهيار الفقاعة العقارية هو خطر زائد على النظام المصرفي في الولايات المتحدة[11].

ان فاني ماي وفريدي ماك هم أنفسهم من أكبر

---

10. عام 2003 ارتفع الدين العائلي الى 83 بالمئة من اجمالي الناتج الداخلي في الولايات المتحدة من 70 بالمئة في 1999. أكثر من 13 بالمئة من المدخول العائلي ذهب الى دفع الفوائد والأسس لهذا الدين. وتحت ضغط الدين العقاري وديون شخصية أخرى، أعلن 1,6 مليون شخص في الولايات المتحدة افلاسهم عام 2003، تقريباً ضعف الرقم منذ عشر سنوات خلت.

11. في أوائل 2004، ارتفعت حصة كل من الوكالتين الى خمسين بالمئة من الديون العقارية المنزلية والتي تقدر بـ 7,8 تريليون دولار.

مالكي مشتقات نسب الفائدة ذات المخاطر. والتي لا يستطيع أحد تقديرها! وهذا لا يعود لنقص في المعلومات، ولكن الى خاصية قصر الزمن لمشتقاتهم التي تحمل بذور خسارتها المحتملة، كما أشرنا سابقاً، والتي ليس لديها سقف محدد مسبقاً.[12]

يجلب تسارع الأزمات الرأسمالية العالمية اليوم زيادة في الصراع الاقتصادي بين القوى الامبريالية المتناحرة. وهذه تنتج مع الوقت حروب تجارية ونقدية كارثية. ليست فقط مناوشات من النوع الذي تعودنا عليه خلال ربع القرن المنصرم. وكما حصل في بداية الكساد العظيم في 1930، من الممكن أن تهبط بسرعة التجارة العالمية مسرّعة تدمير الانتاج، العمالة، الانتاجية، والرواتب، وهذا ليس فقط في الولايات المتحدة ولكن على صعيد عالمي.

تُتلف الحكومة الامبريالية للولايات المتحدة الكادحين في افريقيا، أميركا اللاتينية وآسيا بوضع الرسوم الجمركية وغير الجمركية على الاقمشة، الأحذية، السلع الزراعية مثل

---

12. في 2003 تم كشف ان فاني ماي قد خبأت 7 مليار دولار من خسائر المشتقات، و12,1 مليار دولار عام 2002. وفي نفس السنة، تم كشف شركة فريدي ماك لاستعمالها اموال المشتقات لتزوير دفاتر حساباتها. لم يذهب احد من ادارتهم الى السجن. لا تحاول ان تحاكيهم! لم يكن امام الوكالة الفدرالية المسؤولة عن "تفحص" فاني ماي الا ان تصدر في ايلول / سبتمبر 2004 تقريراً يؤكد على الدليل المتنامي ان ادارة فاني ماي تتلاعب بالسجلات المالية لتبدو عائداتها بصورة جيدة، ولتبدو عائدات المشتقات التابعة لها اقل خطورة - وطبيعياً - ولتبرير العلاوات للمدراء الضخمة. وبعد اسبوعين، بدأت لجنة فرعية في مجلس النواب جلسات الاستماع العلنية. أبقوا على السمع.

السكر، القطن، الفاكهة، الخضار، وغيرها - وفي الوقت نفسه تطرح الولايات المتحدة نفسها كبطل للتجارة الحرة. أهدت واشنطن قانون الزراعة عام 2002 للمزارعين الرأسماليين والذي شكل طعنة في خاصرة مليارات من الناس الذين بالكاد يعيشون بأقل من 2 دولار في اليوم. وهذا بالاضافة الى التعرفة الجمركية التي فرضتها سابقاً حكومة الولايات المتحدة على استيراد الفولاذ والأخشاب.

بالنسبة لحكّام الولايات المتحدة، المجاعة عبر افريقيا هي ثمن بخس لدفع ارباح حفنة صغيرة من المصارف التي تملك الذهب مثل جي بي مورغان تشايس والمزارعين الاغنياء والاحتكارات الزراعية التجارية مثل كارغيل وأرشر دانيالز ميدلاند. ومن الأكيد أن أكثر الأعمال قساوة ومجانية في الذاكرة القريبة هي جولة أيار التي قام بها وزير الخزانة للولايات المتحدة بول أونيل ونجم الروك بونو وشملت البلاد الافريقية جنوب الصحراء الكبرى. وهذا في منطقة مساهمتها ضئيلة في التجارة العالمية والتي تم خفضها الى الثلثين خلال العشرين سنة الماضية بسبب عمل قوانين الرأسمال - الى 2 بالمائة من التجارة العالمية. قفز أحد أهم المتحدثين باسم الرأسمال المالي في أغنى بلد على الكوكب متنقلاً عبر القارة ومعبراً عن استيائه من الوفيات بسبب الجوع، والمياه المسممة، والسيدا، وامراض معدية أخرى، ملوحاً بوجه "الفساد" و"سوء الإدارة" للحكومات الأفريقية. ولكن الطبقة التي ينتمي اليها أونيل هي مهندسة هذا الدمار! انها المهندسة لما هو في الحقيقة، قتل جماعيّ!

الامبريالية ليست سياسة

قال لينين أن احد اوهام كاوتسكي الرئيسية، كان ان الامبريالية هي "سياسة، سياسة محددة "مفضلة" لدى رأس المال المالي"[13] عوضاً عن كونها نتيجة محتومة للتطور عند مرحلة أولية لاحتكار النظام الاقتصادي وهي نتيجة ستلازمنا الى حين الاطاحة بالرأسمالية على صعيد عالمي.

حتى يومنا هذا، يستخدم هذا الادعاء لتبرير مسار تيارات احزاب الوسط والطبقات الوسطى ضمن الحركة العمالية. يتصرفون وكأن ادارة اخرى - ولستون او غور بدل بوش، حزب ثالث، حزب اجتماعي ديمقراطي قيم - او حتى مجلساً للشيوخ مختلفاً، او وزيراً للمالية مختلفاً، او رئيساً للمصرف الفدرالي مختلفاً سيغير جوهرياً مسار الدولة الامبريالية.

لكن النظام الطبقي وعدم استقرار النظام الاقتصادي للامبريالية، وما يدفعها نحو الفاشية والحرب جميعها مسائل ليست متعلقة بالسياسة العامة. هي نتاج قوانين الحركة لرأس المال على طول منحنى تاريخي للتطور الرأسمالي دائم الحركة. وهي مشكلة تشكلت بطرق متماسكة من قبل التفاوت المتسارع لتطور العلاقات الاجتماعية في مختلف انحاء العالم.

ان تطور الاحتكارات الضخمة في نهاية القرن التاسع عشر وبداية القرن العشرين لم تقلص المنافسة ناهيك عن عدم قدرتها في القضاء على المنافسة. لكن بدلاً من ذلك رفعتها

---

13. لينين، Lenin, *Imperialism, The Highest Stage of Capitalism*, p. 34.

الى مستوى اكثر عنفاً. جميع نتائجها اصبحت اكثر قسوة، بما في ذلك المدى والعمق العالمي للمخاوف المالية، والكساد الاقتصادي، والحروب.

ان مساهمة لينين "النظرية" "لعلم الاقتصاد" هي مساهمة لن تلقى اعترافاً من ان من علماء الاقتصاد البرجوازيين وسيرتد عنها الراديكاليون البرجوازيون التافهون. فكرة لينين الرئيسية، والتي هي اكثر صحة اليوم مما كانت عليه عندما كتبها قبل خمس وثمانين عاماً، هي ان هذه المرحلة الاحتكارية الرأسمالية هي واحدة حيث العنف المنظم من قبل الدولة، والحروب الامبريالية، والثورات الوطنية، والحروب الأهلية، والثورات البروليتارية هي جميعها عواقب شرعية لا مفر منها لهذا النمط من الانتاج بقدر ما هي دورات للاعمال التجارية، والتضخم والكساد. كل هذه الظواهر السياسية والاجتماعية هي في صلب قوانين رأس المال في الحقبة الامبريالية.

على المستوى الاقتصادي "البحت"، ان زيادة كبيرة في القروض او السندات من قبل البنوك والشركات الكبرى، وخفض مؤقت لاسعار الفائدة الرمزية وزيادة كبيرة في عجز الانفاق الحكومي، وتشريعات من مختلف الانواع، وحتى الانفاق الضخم على الحروب، مثل هذه السياسات ممكن ان تؤجل ازمة ما، لكنها لا تستطيع ولن تتمكن من منع حدوث ازمة.

جميع انواع الديون المعلبة حديثاً والنافذة برزت أكثر من اي وقت مضى قد جعلت العلاقات الائتمانية اليوم اكثر تفجراً. انواع جديدة من التأمين (وهي ما كان يجب ان تكونها المشتقات حين "تم اختراعها").

يتم تحويلها الى اشكال جديدة من المقامرة. العلاقة الكامنة بين نظام الائتمان والانتاج الرأسمالي والتي فسرها ماركس في "رأس المال" لم تتغير. كتب ماركس انه بينما يشحّم الائتمان العجلات اثناء الازدهار، في فترة من الافراط في الانتاج والاحتيال، فهو يُرهق القوى المنتجة الى اقصى الحدود، متغطياً حتى الحدود الرأسمالية لعملية الانتاج... في نظام انتاج، حيث استمرارية العملية الانتاجية بأكملها تقع على عاتق الائتمان، ستقع ازمة بالتأكيد - هناك اندفاعٌ هائل لوسائل الدفع - عندما يتوقف الائتمان فجأة وتكون فقط للدفعات النقدية ذات صلاحية - اي الدفعات الممكن سدادها بالذهب.

وفي حين ان تشريعات وسياسة حكومية "جاهلة ومخطئة" يمكنها ان تزيد من حدة ازمة مالية "كهذه"، يضيف ماركس، لا يمكن لاي منها "القضاء على أزمة".

في حاشية لهذا المقطع في "رأس المال"، كتب فريديريك انغلز، اقرب المتعاونين مع ماركس، بعد عقد من وفاة ماركس، اضاف نقطةً تتوقع تطور الرأسمالية خلال 1980-1990. "وبالتالي كل عامل يعمل ضدّ (أي) تكرار للأزمات القديمة يحمل في حد ذاته جرثومة ازمة مستقبلية اقوى".

في العام الماضي، في الـ 2001، خفّض البنك الفدرالي الاحتياطي الفائدة القصيرة الأمد احد عشرة مرة، من 6,5% نزولاً الى مستواها الحالي البالغ 1,75% وسوف يخفّضونها الى ما دون ذلك. ولكن ما زال اقتصاد الولايات المتحدة الاميركية يضعف، وغرينسبان وشركاه يعرفون انهم لا يستطيعون اخفاضها سوى القليل. والاهم من ذلك، انهم يدركون تماماً ان

البنك المركزي في اليابان خفّض اسعار الفائدة القصيرة الأمد على تكلفة الأموال للصناعة الى الصفر تقريباً دون ان ينجوا في اثارة تحول اقتصادي. بالفعل في الولايات المتحدة اليوم، فإن الاسعار للفائدة القصيرة الأمد - متى ما حسبنا عامل التضخّم - ليست مجرد منخفضة. ولكن هي سلبية!

لا تنسوا. الرأسماليون لا يقترضوا الاموال لأن البنوك تقدّم اسعار فوائد منخفضة. ولا المصارف تقدم اسعار فوائد منخفضة لتشجيع المقترضين على استعمال الموارد المالية (الاموال). تقترض الشركات المال بسعر فائدة معين لانها تعتقد ان هذا افضل ما يمكنها فعله دون المخاطرة بعدم سداد الاموال. عندما ترتفع احتمالات التخلّف بالدفع، تبدأ البنوك بتقديم عدد اقل واقل من القروض بغضّ النظر عن السيولة، أي، بغض النظر عن الاحتياطات التي يتحكمون بها. وعندما يقتنع الرأسماليون بعدم امكانية كسب المال، لن يُقدموا للحصول على قروض مهما انخفضت معدلات الفوائد. هناك مرحلة. كما يعبّر الاقتصاديون البرجوازيون في بعض الاحيان. عندما يكون الوضع كالضغط على خيط رفيع. يصبح الاقتصاد "مصيدة سيولة" ضخمة حيث يتمكن البنك المركزي من الاستمرار في ضخ المزيد والمزيد من الاموال بمعدلات منخفضة. ولكن البنوك التجارية لن تُقرضها والشركات لن تقترضها.

سيكون هناك صعود وهبوط على المدى الطويل في السوق الهابطة التي دخلتها البورصات في منتصف 2000. ولكن في فترة معينة سيكون هناك حالة ذعر، تترافق مع

عمليات بيع هائلة تصفّي اسعار الاسهم الى مستويات متدنية نعجز اليوم عن تخيّلها.

كميات هائلة من القيم الورقية سيتم تدميرها، دون اي صلة ظاهرة بأي شيء يحدث للحقائق الفعلية للانتاج والتجارة. كتب ماركس في "رأس المال" انه بالنسبة للرأسمالي، " تظهر عملية الانتاج كمجرد وسيلة مرحلية لا مفر منها، شرّ لا بد منه لغرض كسب المال". لهذا، فسّر انغلز في مذكّرة لهذا المقطع الذي كتبه ماركس، "جميع الدول التي تتميز بنمط الانتاج الرأسمالي، تصاب بشكل دوري بنوبات طيش وتحاول خلالها انجاز كسب الاموال دون وساطة عملية الانتاج".[14]

هكذا طيش هو الذي ادى الى فقاعات الاوراق المالية والائتمان خلال العقدين الماضيين والتي تتقلّص حالياً - هو تجلّ لما سماه ماركس فتيشية السلع، الوهم بان السلع او رووس الاموال على نحو ما لها معنى اجتماعي في حد ذاتها، مستقلاً عن العمل الاجتماعي الذي بذل في سبيل انتاجهم حياة خاصة بهم، مستقلة عن طابع العلاقات الاجتماعية التي تعدد استعمالهم. كتب ماركس في "رأس المال" انه في "رأس المال" المدرّ للفائدة، علاقة رأس المال تبلغ هيئتها الاكثر سطحية والفتيشية،" حتى في حالة الشركات التجارية العملاقة، يقول ماركس، "الربح يقدم نفسه على انه نتاج علاقة اجتماعية - شراء وبيع - "ليس نتاجاً لمجرد شيء". ولكن في القطاع المصرفي والمالي، يبدو ان الربح يظهر "دون وساطة من الانتاج وعمليات

14. كارل ماركس
Karl Marx, *Capital* (London: Penguin, 1978), vol. 2, p. 137.

التوزيع ... الصلة الاجتماعية تتمّ في العلاقة لشيء، للمال، بنفسه."[15]

الدين، النقود الورقية، اسعار الاسهم - كل هذا يمكن ان ينطلق فوق القيم الحقيقية. لا احد يعرف الحدود - انها دائماً تصبح اكثر من توقعنا لقيمتها الممكنة - يتحول الطيش الى ذعر، عندما يبدأ الهيكل باكمله بالانهيار. عندما يهرع الجميع الى المخرج في نفس الوقت، لا احد يستطيع الخروج.

منذ اكثر من مائة وخمسين عاماً، نُشر كتاب بعنوان ضلال الشعوب غير العادي وجنون الحشود. يصف الكتاب الهوس والذعر المتنوعين خلال التاريخ الفتي للرأسمالية - عندما تم بيع زهور التوليب، مثلاً، باكثر من مبيع الذهب في بداية القرن السابع عشر - برزت الفوضى الاجتماعية والسياسية عند انهيار هذه القيم الخيالية. الماركسيون لا ينكرون "جنون الحشود" تحت النظام الرأسمالي. بل بالعكس، جنون الحشود هو منتج جانبي ضروري للسلع الفتيشية. نحن نصر ببساطة أن "الجنون" الموجود اصلاً في وال ستريت، والذي سنرى مثله كثيراً، هو ليس جنون الشخص العادي، او حتى المستثمر "العادي". ان غالبية حصص الاسهم في البورصة في الولايات المتحدة هي مملوكة لما يسمى المستثمرين ذوو المؤسسات - شركات التأمين، الصناديق التبادلية، مؤسسات استثمارية، صناديق التقاعد والصحة.الصناديق الموازنة، المصارف، وهكذا. وماذا بعد، 90 بالمائة من عمليات البورصة واسواق السندات اليوم تتم من خلال

---

15. كارل ماركس
Karl Marx, *Capital* (London: Penguin, 1981), vol. 3, pp. 515–16.

هذه المؤسسات (والتي كانت 10 بالمئة في بداية السبعينيات). نصف هذه العمليات تجريها المؤسسات الاستثمارية الخمسين الكبرى.[16] وفي ايام كهذه، عدد اكبر من هذه الجماعات يبدأ بالتفسخ. واكثر فاكثر، تؤخذ الاسعار رهينة للقروض، ولسوق شراء حق الخيار للسلع والسندات بالسعر المشروط. والرهان على الحركات المختلفة للاسهم نفسها والتي يتم تفصيلها وبيعها باشكال مشتقة من اصلها الذي يكون معتمداً على الدين بشكل اساسي. ضمن حالة الهلع في البورصة، في الحقيقة، يعلن الوف من الصناديق التبادلية افلاسه. كما يفعل عشرات الالوف من صناديق الصحة والتقاعد.

يتمنع العديد من المستثمرين الصغار في الطبقة الوسطى وحتى جزء من العمال اصحاب الرواتب العالية نسبياً من بيع الاسهم عند هبوط اسعار الاسهم حين اعتقادهم انهم سينجون من هذه العاصفة. والا سيبيعون قبل ان تسوء الامور اكثر. ولكن هذا يفترض ان هناك من سيشتري اسهمهم في هذه اللحظة. وعندما يهلع الجميع، ومن ضمنهم هؤلاء المؤسسات الرأسمالية العملاقة، والمستثمرون الصغار، سيصحون ذات يوم ولا يجدون احداً مهتماً بشراء الاسهم باي سعر. عندها يصبح الخوف ورقةً أقوى من جشع كبار الجشعين. في هذه اللحظة، يحصل الانهيار النهائي.

---

16. الارقام مأخوذة من كتاب "ربح لعبة الخاسر" *Winning the Loser's Game* بقلم تشارلز د. إليس (نيويورك: ماكغرو هيل، 1998). إليس، وهو مستثمر ومدير في وال ستريت، هو مديراً للمجموعة الطليعية ويترأس اللجنة الاستثمارية لجامعة يال.

تغيير أساسي في مقاومة الطبقة العاملة

نحن في المراحل الأولى لما سيكون تشنجاً اقتصادياً ومالياً واجتماعياً وصراعات طبقية والتي تستمر لعقود. سترتفع نسبة فقدان الأمان. وفي مرحلة معينة، ستبدأ الثقة في النظام الرأسمالي بالاهتزاز. وسيبدأ الانفتاح على الحلول الجذرية - بما فيها الحلول "المعاداية للامبريالية" والمعادية للرأسمالية" لليمين المتطرف، والتي ستجذب شرائح من الطبقات المتوسطة المهددة والمدمرة والتي تشعر بالمرارة. سنرى الثمرة العفنة لسياسات الامتعاض والفضائح البورجوازية. كما سنرى الثمرة الدموية للتشقق السياسي ليس فقط للشرطة بل أيضاً لسلك الضباط كما للمخابرات.

مثل أغلب العمال الآخرين، يجب على الشيوعيين المشاركين في هذا المؤتمر ان يدمجوا ضمن افكارهم حقيقة ان هذا العالم هو ليس فقط العالم الذي نواجهه اليوم ولكنه المكان الذي سنعيش وسنناضل به لوقت ليس بقليل، والذي هو نوع من العالم غير معروف من قبل اي احد منا في حياته السياسية. من خلال العمل بهذه الحقيقة، سوف لن نؤخذ على حين غرة سياسياً عند نشوء الحروب، وانفجار المشاكل الاجتماعية العميقة، ونشوء المذابح المنظمة، وعندما تصبح الصراعات النقابية معارك حياة او موت. الحزب البروليتاري الذي سيكون موجوداً في المستقبل، سينمو فقط من الحزب البروليتاري الذي نصنع اليوم.

البرهان الموجود امامنا هو ان الحركة الشيوعية

بامكانها تقوية نفسها سياسياً اذا استمرينا على المسار الموصوف ضمن قسم "التغيير الأساسي في سياسات الطبقة العاملة" والذي هو القسم الافتتاحي في كتاب "عدم الاستقرار في الرأسمالية العالمية". يضع تقدمنا الأسس عبر هذا المسار لكوادر فروعنا، وللجان التنظيمية، والاقسام النقابية. وذلك لاكتساب المعايير البروليتارية من جديد التي صنعنا خلال السنوات الأولى لمنعطفنا نحو الطبقة العمالية الصناعية ونقاباتها. انه المسار الذي رسمناه ونشرناه سوياً كدليل تحت عنوان "الوجه المتغير لسياسة الولايات المتحدة". وكما انجز حزب العمال الاشتراكي عبر تاريخه، اكتسبنا هذا النوع من العمل الانضباطي الموصوف تحت مصطلح العامل البلشفي الذي هو "تسمية سياسية نشأت من الاعجاب بين الكادحين المناضلين في الثورة الروسية عام 1917 في تشرين الاول / اوكتوبر واستعملت بشكل متكرر من قبل لينين". كما ورد في مقدمة ماري اليس واترز لطبعة عام 2002 لكتاب "الوجه المتغير لسياسة الولايات المتحدة".عندما نتحدث عن العامل البلشفي، نقصد بذلك صَهر "كادر شيوعي صاحب صدقية وانضباط، وانتظام فعال، وتدريب طبقي، وعادات واوساط سياسية بروليتارية حتى العظم".

نوع التغيير في المقاومة بين الشعب العامل، كما عشنا خلال نصف عقد مضى وحتى الآن، هو مبدأياً صعب التمييز. من المستحيل ان نرى من الخارج طليعة الطبقة العاملة والحركة العمالية. ولكننا لسنا في خارجها. وحركتنا ادركتها. ولكننا استجبنا، مبتدئين حيث وجدت المقاومة

"الشروط التي تربصت باكثر الاماكن هشاشة في العالم الاستعماري خلال العقود الماضية، ستنتشر في العالم اجمع. اننا نعيش عبر المراحل الافتتاحية لفترة كساد عالمي."

الصورة: خط انتظار للحصول مجاناً على الخبز في الشارع 42 والجادة رقم 6 في مدينة نيويورك، شباط / فبراير 1932، خلال ازمة الكساد الكبرى.

فوق: مدينة الكسندرا في جوهانزبورغ، جنوب افريقيا، 2002. يفتقر العديد من السكان الى الكهرباء، المياه الجارية، والتمديدات الصحية الاساسية.

اليسار: خط انتظار العاطلين عن العمل في برلين، كانون الثاني / يناير 2003. نسب البطالة في المانيا الشرقية بقيت حوالي 20 بالمئة وذلك بعد خمسة عشر سنة من توحيد الالمانيتين، عام 1990.

اليمين: بعد الازمة المالية في الارجنتين عام 2001 و2002، خسر البيسو ثلاثة ارباع من قيمته نسبة الى الدولار. انحدار القيمة ارهق الملايين، وخلق هلع بالطلب على مال المودعين.

"جميع الاعتداءات من قبل واشنطن والقوى الامبريالية الاخرى كانت "وقائية". لم تهدد او تغزو كوبا الولايات المتحدة في 1961 او 1962. لم ترم فيتنام الاسلحة على مدن الولايات المتحدة."

فوق: أعضاء معتقلين من المرتزقة المنظمة من قبل الولايات المتحدة والتي اجتاحت كوبا في بلايا خيرون (خليج الخنازير)، نيسان / ابريل 1962. هُزم المهاجمون من قبل الجيش الثوري والميليشيا في اقل من 72 ساعة.

تحت: عبّارة مدرعة وطوافة لجيش الولايات المتحدة تقوم بعمليات ضد قوات التحرير في فيتنام، 1968.

GRANMA

TIME LIFE / GETTY IMAGES

سبعون الف جندي للولايات المتحدة يتم تشكيلهم في الولايات المتحدة من المانيا في قواعد "اميركا الصغيرة" المترامية الاطراف. وفي نفس الوقت، يفاوض البنتاغون مع حكومات دول اخرى لتأسيس "مواقع عمليات متقدمة". هذه المواقع تصبح اقرب الى اماكن في العالم حيث تتوقع واشنطن ان تزيد حاجتها لاستعمال قدرتها العسكرية - في الشرق الاوسط، افريقيا، اسيا الوسطى، وجمهوريات الاتحاد السوفييتي السابقة، واوروبا الشرقية والمركزية.

تحت: قاعدة الولايات المتحدة العسكرية في وايسبادن، المانيا. **فوق الى اليسار**: ضابط قوات خاصة في جيش الولايات المتحدة يعلم مكافحة التمرد الى وحدة في الجيش الكولومبي، تم ارسال المزيد من جنود الولايات المتحدة منذ عام 2000. **فوق الى اليمين**: جيش الولايات المتحدة في اوزبكستان (2004)، حيث اسست واشنطن قاعدة عسكرية للتحضير لحرب افغانستان عام 2001.

GARRY LEECH

U.S. AIR FORCE / TIM VININ

LANDOV

"لزيادة الارباح، ضغط اصحاب العمل الأجور والمكاسب، واطالة ساعات العمل، وتكثيف العمل. هذه الاطالة والتسريع هما "السر" لمكاسب الانتاج الذي يتبجح بها ارباب العمل."

فوق: مصنع تعليب اللحم في بلاينفيو، تكساس، 2003. منذ بداية الـ1980، ضاعف ارباب العمل خطوط الانتاج. قلصوا الاجور والمكاسب. ورفعوا وتيرة تفكيك النقابات.

تحت: حوالي الف عامل منجم فحم وعائلاتهم شاركوا في مظاهرة اتحاد عمال المناجم في ليكسنغتون، كنتاكي، 20 تموز / يوليو 2004. مطالبين ان تبقي هورايزون للموارد الطبيعية عقودها مع النقابة. وبعدها باسبوعين، حذفت الشركة التغطية الطبية لألف عامل منجم و2300 متقاعد.

UFCW NEWS SERVICE

ASSOCIATED PRESS

تبدأ سياسة مناصرين حزب العمال الاشتراكي في الحملة الرئاسية الانتخابية عام 2004 في اساس طبقتنا والعالم كله. تقدم الحملة شعارات اساسية لتقوية نواة لحركة بروليتارية ثورية في هذا البلد والعالم، "ليس المهم انت ضد من، الاهم هو انت من أجل ماذا! صوّت مع حملة العمال الاشتراكيين في 2004!"

وقفت حملة حزب العمال الاشتراكي بعكس التيارات الأخرى التي ادعت انها تتكلم باسم مصالح العمال. **فوق الى اليسار:** تحالف "أوقفوا بوش!" متظاهراً في مؤتمر الحزب الجمهوري في نيويورك. خلفهم، توجد يافطة وطنية ضخمة على مبنى نقابة عمال مصانع الملابس. **فوق الى اليمين:** حمل المشاركون في حملة الحزب العمال الاشتراكي يافطات تحتوي على "الأهم هو انت من أجل ماذا" و "حق المرأة باختيار الاجهاض" في مظاهرة حول حق المرأة في الاختيار شارك فيها الآلاف عبر جسر بروكلين في مانهاتن. **تحت:** روجيه كاليرو، مرشح حزب العمال الاشتراكي لرئاسة الجمهورية، يقوم بحملة أمام مصنع للدروع في بوينت بلانك قرب ميامي، حيث ربح العمال مؤخراً الحق بانشاء نقابة.

AP

MILITANT

LAWRENCE MIKESH / MILITANT

المندوبون للمؤتمر الثالث للأممية الشيوعية، 1921، في موسكو خلال مسيرة الاحتفال لافتتاح المؤتمر. ليون تروتسكي، منظّم الجيش الأحمر (في البذلة العسكرية)، في وسط الصف الأمامي.

فسر تروتسكي في تقريره للمؤتمر أن "توازن الرأسمالية هي ظاهرة معقدة للغاية. تنتج الرأسمالية هذا التوازن، وتعطله، وتعيد التوازن من جديد وذلك لتعطله من جديد، وتمدد في نفس الوقت حدود سيطرتها. ومن الناحية الاقتصادية، يأخذ هذا التعطيل واعادة التوازن المستمرّين شكل الأزمات والازدهار. وفي العلاقات ما بين الطبقات الاجتماعية، يأخذ شكل الاضرابات، وتسكير رب العمل لمصنعه، وشكل النضالات الثورية. وفي العلاقات بين الدول، يأخذ شكل الحروب - او حتى بشكل اضعف - حرب زيادة الرسوم الجمركية، الحروب الاقتصادية، والحصار".

يقدم ف.ا. لينين تقريراً عن تكتيكات الحزب الشيوعي الروسي الى المؤتمر الثالث للأممية الشيوعية. 5 تموز / يوليو. 1921.

"واجبنا ان نتعلم ونطبق من امثلة لينين وتروتسكي الحية والعملية حول المقاربة الماركسية للعلاقات الداخلية بين الاتجاهات المالية والاقتصادية العميقة للرأسمال العالمي، والتغييرات في الانماط الطويلة المدى للسياسة الامبريالية والصراع الطبقي العالمي، والتغييرات في مقاومة الطبقة العمالية. واجبنا ان نتصرف على هذا النحو، للتجاوب مع الاتجاهات المعاصرة".

المشتقات الموجودة بيد المصارف التجارية للولايات المتحدة
2004-1992

SOURCE: FEDERAL DEPOSIT INSURANCE CORPORATION
المصدر: شركة التأمين الفيدرالية الايداعية

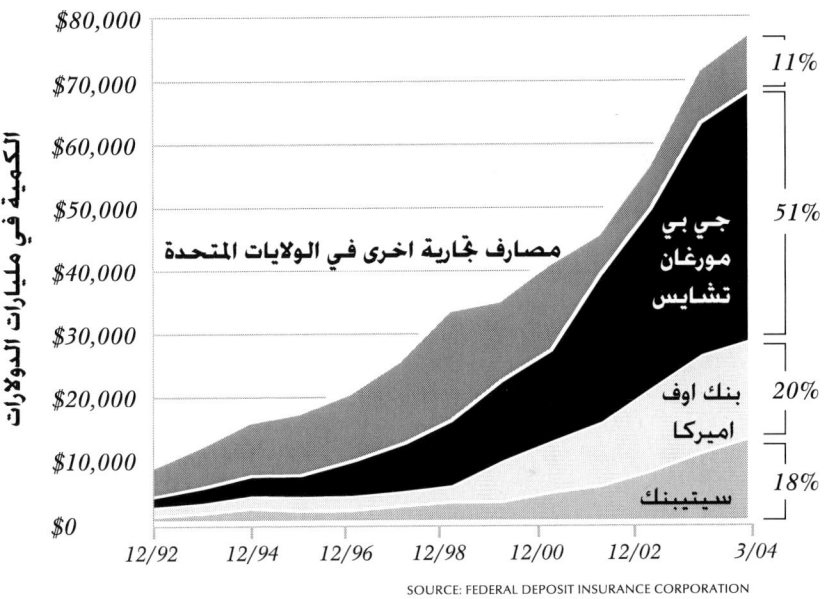

معدل الدخل الاسبوعي للعمال الموظفين في الولايات المتحدة 1964-2003

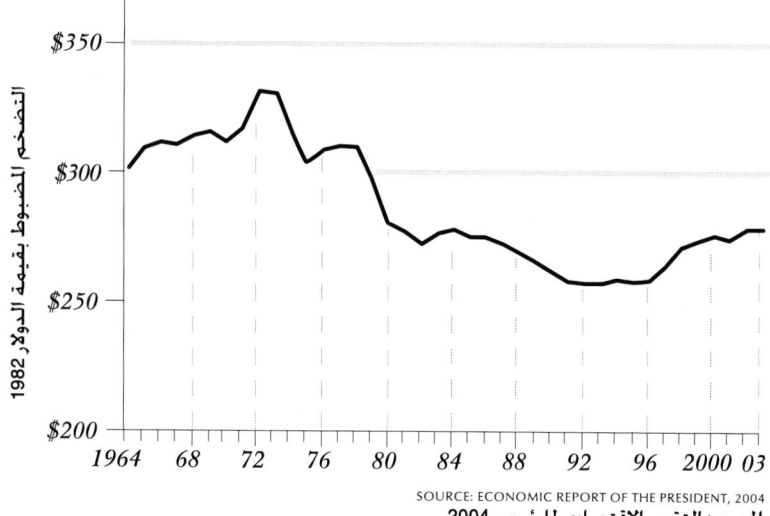

SOURCE: ECONOMIC REPORT OF THE PRESIDENT, 2004
المصدر: التقرير الاقتصادي للرئيس، 2004

معدل الدخل بالساعة للعمال الموظفين في الولايات المتحدة 1965-2004

النسبة تتغير من سنة الى سنة

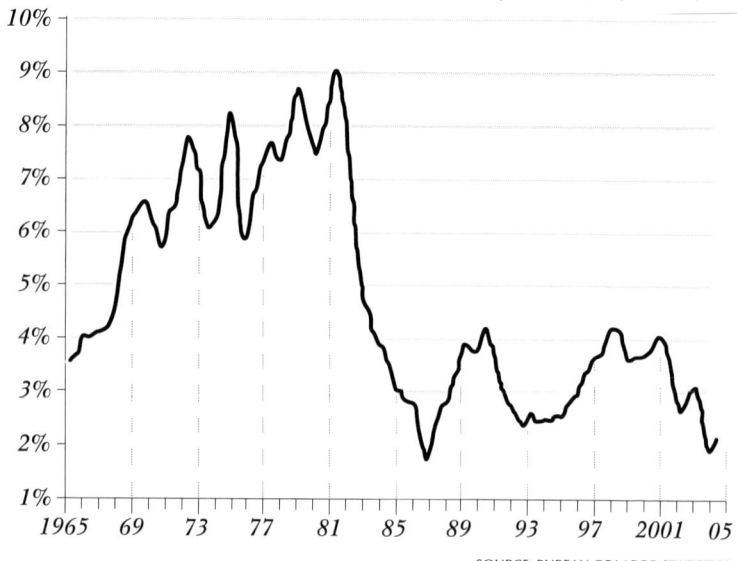

SOURCE: BUREAU OF LABOR STATISTICS
المصدر: مكتب الاحصاءات العمالي

الديون العائلية في الولايات المتحدة
2004-1976

20%
0%
2004

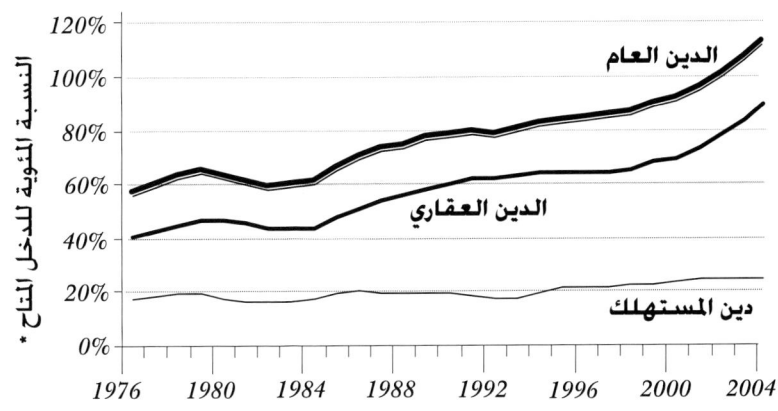

SOURCE: BUREAU OF ECONOMIC ANALYSIS AND FEDERAL RESERVE BOARD
المصدر: مكتب التحليل الاقتصادي ومجلس الاحتياط الفدرالي

مدفوعات الديون العائلية في الولايات المتحدة
2004-1980

مدفوعات الديون العقارية وديون المستهلكين

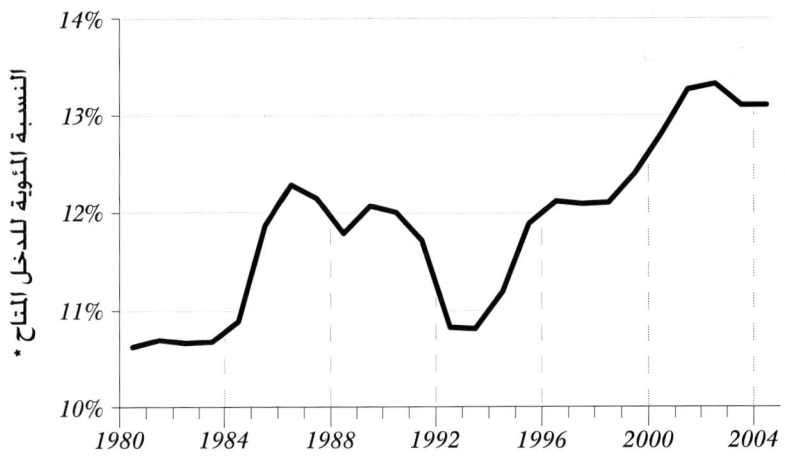

2004

SOURCE: FEDERAL RESERVE BOARD
المصدر: مجلس الاحتياط الفدرالي

* الدخل المتاح تحدده حكومة الولايات المتحدة بالشكل التالي
الدخل الشخصي بعد حسم الضرائب والرسوم والغرامات

نسبة الصرف على الجيوش في العالم
المجموع العام: 950 مليار (2004)

SOURCE: GLOBALSECURITY.ORG
المصدر: منظمة الأمن العالمي

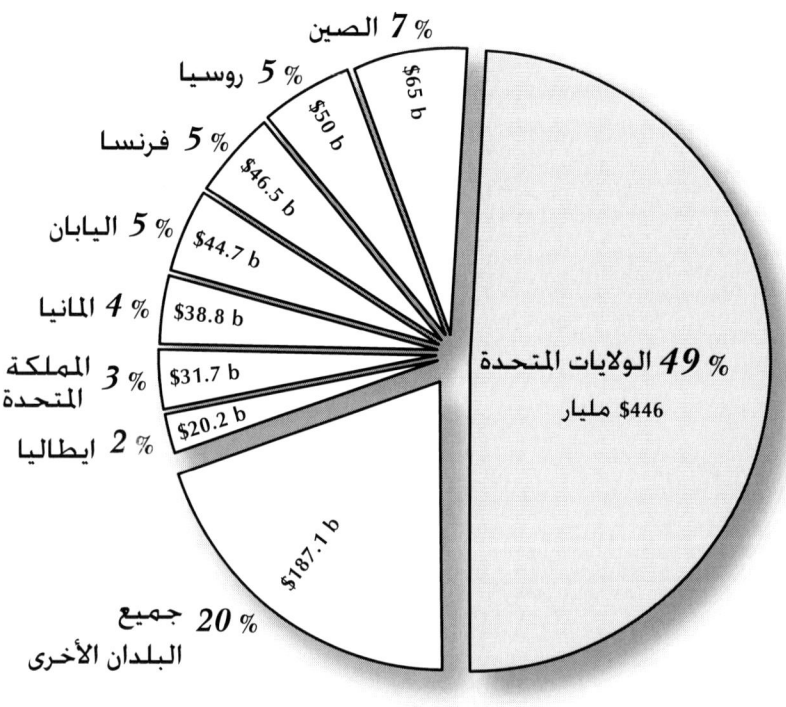

العمالية كما فرضت علينا وعلى الاحزاب الشيوعية لدينا. لقد عدلنا اشكالنا التنظيمية لمواجهة الشروط الجديدة. بدأنا متابعة النضالات المقاومة هذه بين العمال والمزارعين. وبدل ان نتحصن في فروع كبيرة في بعض المدن. توسع انتشارنا الجغرافي وبلوغنا السياسي. معمقين اندماجنا بين طليعة شرائح العمال الذين يقاومون ضد الوطأة العظمى للاعتداء المتنامي لطبقة المستخدِمين. الرفاق الحاملين على كاهلهم مسؤوليات هذا الجهد في وحدات الحزب عبر الولايات المتحدة لديهم ثقل متنامي في قيادة حزب العمال الاشتراكي.

العمل السياسي المتراكم والمجموع لفروعنا ولجاننا التنظيمية هو تقريري للبناء والتعبئة في الحزب. انهم الوحدات الأساسية لحزب شيوعي. عملهم السياسي هو مجموع مع عمل اقسامنا النقابية في النقابات - بين عمال مصانع الملابس في UNITE (اتحاد عمال مصانع الملابس والنسيج). واتحاد عمال مصانع المأكولات والمتاجر (UFCW) واتحاد عمال المناجم (UMWA) - والذين يعملون في بيئة اضيق من الفروع واللجان التنظيمية. هذه هي الأدوات التي من خلالها نعمق اندماجنا في ما سيكون صراعاً طبقياً على مدى عقود والذي يفسح امكانية تطور لطليعة من العمال الذين يستخدمون المجال نفسه في العمل. وفي الحركة العمالية. ومن خلال اشكال اخرى للمقاومة الاجتماعية البروليتارية. وضمن هذا النهج نحول انفسنا ومؤسساتنا. نحن نجذب الشباب ليس فقط الذين ينفرون من شرور الامبريالية. ولكن الاكثر اهمية. الذين ينجذبون الى معارك العمال والمزارعين. الطريق الوحيد لابعاد

الشباب من اليمين المتطرف الفعال هو اندماجهم في نضال الطبقة العاملة وذلك حتى اذا فهموا ذلك او لم يفهموه. وبهذا نقوي تعاوننا مع الشباب اصحاب الفكر الثوري وآخرون عبر العالم.

وعبر بيع جرائدنا، دورياتنا وكتبنا في الشارع، يتفحص الشيوعيون دائماً البحار الواسعة للطبقة العاملة. وهكذا، باصرارنا للوصول لاكثر عدد ممكن من الشعب العامل من خلال ادبياتنا. وهي الطريقة الوحيدة لنشر البروباغندا البروليتارية بثبات - وذلك لنتعلم كما لنبيع. يجهل الحزب الثوري الصغير دائماً التغييرات البطيئة في الشرائح الواسعة للطبقة العاملة. وليس بالامكان ان يكون الامر مختلفاً. وعندما نزيد من البروباغندا بمنهجية، نشعر بهذه التغييرات بوقت ابكر بقليل ويكون لدينا شعور افضل تجاهها.

"التبول في مهب الريح" كان الوصف لهذا العمل السياسي في السنوات الأولى للخمسينيات من القرن الماضي والذي استعملته مجموعة كوكران عند تحضيرها الانشقاق عن الحزب، بلومهم الطبقة العاملة على انحدارهم. البعض يتذكر جماعة كوكران من خلال خطابات جيم كانون في كتاب "خطابات الى الحزب". لقد اعتبرنا وصفهم كتحية وليس كمذمة. الطبقة العاملة هي وسطنا وليس "اليسار" وليس "الراديكاليون". وهنا نركز مبيعاتنا حول مجلة المناضل ومجلة الـ Perspectiva Mundial وكتبنا وكتيباتنا والتي توجه القراء نحو المسار الثوري للبروليتاريا. نحن نعمل بشكل دائم لتوسيع صلاتنا ولنتعلم أكثر ولنجد زملاء بين الشعب العامل الذين

يهتمون بتسليح انفسهم بتحليل ملموس للصراع الطبقي التنامي. كما بدروس تعود لقرن ونصف لنضالات حركة الطبقة العاملة الحديثة.

سجل هذا المؤتمر واجتماعات المجموعات النقابية التي جرت بالامس. خطوات الى الامام للحزب لتحقيق ما سميناه الحملة الثالثة للمنعطف نحو النقابات الصناعية. ومنذ اطلاقنا لهذه الحملة في المؤتمر في بيتسبرغ منذ اربع سنوات، اسسنا مجموعات حيثما تطلب ذلك: للعاملين على آلات الخياطة في مصانع الملبوسات وفي مصانع النسيج وذلك لبناء مجموعة لـ UNITE. وللعاملين على الذبح والتقطيع في مصانع تعليب لحوم الحيوانات لبناء مجموعة ضمن الـ UFCW وفي مناجم الفحم المنظمة من قبل الـ UMWA. سنستمر بمساعدة الرفاق للخوض وتحسين المهارات الذي نحتاج للحصول والبقاء بهكذا اعمال. سنواجه الطرد للعمال. وسنساعد الرفاق على الانتقال الى مدن او مصانع أخرى. وسنعمل لندخل على مصانع الملبوسات ومصانع تعليب اللحوم. والمناجم التي لم توظفنا حتى الآن وهي جاهزة لتتنظم. ونجد آخرون في مناطق جديدة حيث نريد ان نبني مجموعات. وفوق هذا كله، باستطاعتنا الآن قطف ثمار هذا الجهد المستمر من خلال استعمال مجموعاتنا في النقابات للمشاركة في عمل نقابي شيوعي ونقيم بروباغندا في اماكن العمل وفي الحركة العمالية. بامكاننا ان نركز على بناء وحدات قوية سياسياً للحزب في اماكن حيث اسسنا لجان تنظيمية. كما في مناطق سكن العمال في اماكن مختلفة حيث لدينا فروع للحزب. بامكاننا ان نتابع العمل مع رفاق في

العصبة الشيوعية في بلاد اخرى لتعميق نقاط الالتقاء في هذا المجال والتي تسارعت خلال السنة الماضية.

بامكاننا العمل بفعالية كنواة للعمال البلاشفة والذين هم كوادر وقادة المنظمة السياسية الشيوعية. الافرع واللجان التنظيمية يبدأون بشكل ممنهج ببيع المجلات والكتب والكتيبات على ابواب المصانع. يتحركون بجرأة لمشاركة رفاق عاملين في المصنع وذلك لنصل لاكبر عدد ممكن من زملاء العمل عبر مطبوعاتنا ومرشحينا وادبيات الحملة الانتخابية الاشتراكية وكتبنا وكتيباتنا. اننا نحقق تقدماً نحو قيمنا بان كل عضو بالمجموعة ياخذ دوره في المبيع على ابواب المصنع وفي مصنع او منجم آخر حيث يعمل الرفاق.

رفع مستوى الترسانة السياسية

هذه التحسينات تؤمن الأساس الذي نعيد تشكيل عمل الرفاق الموجين بالمسؤليات التحريرية وفق دوام كامل لتحضير الكتب والكتيبات الذين يشكلون ترسانتنا السياسية ولابقائهم ضمن قائمة منشورات. اننا نبسّط أسس عملنا في النشر، ونوازيها مع خاصية وحدات الحزب التي نبني، لنثبّت أقدامنا في الأرض للحفاظ على رفع المستوى العالمي السياسي التي تمنحه كتبنا للحركة الشيوعية. لا يوجد سلاح انتجته الطبقة العاملة ذو أهمية أكثر من التسجيل المكتوب للدروس السياسية المكتسبة بالدم والعرق والمعممة من خلال النضالات العمال وحلفائنا خلال القرن ونصف القرن المنصرم.

الدروس الموجودة في هذا التسجيل هي أسس السياسة الفعالة البروليتارية وهي شروط مسبقة للتقدم في الفهم الاستراتيجي وفي النظرية الماركسية. وبدون تاريخ دقيق وحقيقي لا يوجد هناك استراتيجية او نظرية ماركسية. سوف تذوي النظرية والاستراتيجية الماركسية ويتم استبدالهم بنظريات مبهمة ومزورة لعقلنة حياة - والمسيرة السياسية - للبرجوازية الصغيرة الجذرية والقادة المضللين الانتهازيين للحركة العمالية. سوف ينمو الفضول السياسي ومن بعده الجوع لهذه الدروس التاريخية للطبقة العاملة بين العمال والمزارعين كما بين الشباب المنجذبين لصراعاتها في هذا البلد وحول العالم. وليس هناك أحد آخر غير الحركة الشيوعية يرغب بالقيام بالعمل للابقاء على توافر هذه. او باكثر دقة ليس هناك أحد مهتم بالقيام بهذا العمل. الحركة الشيوعية تشعر بان هذه الدروس هي ضرورة لوجودها.

حركتنا لا تُبقِ فقط هذه الترسانة الاساسية للشيوعية متوافرة ولكن نزيد عليها. نحن ننشر التحليل والتوجيه السياسي الذي يحتاجه الشعب العامل اليوم ليبني حركة ثورية فعّالة، أي كتب وكتيبات ومجلات. مثلاً "الوجه المتغير لسياسة الولايات المتحدة"، "اختلال النظام الرأسمالي العالمي"، "كوبا والثورة الاميركية القادمة"، "الطبقة العاملة وتحول التعليم" وأعداد مجلة "الأممية الجديدة" وأكثر غيرها. وتجذّر سياساتنا لُبنة لُبنةً خلال مائة وخمسين سنة من المعارك والدروس المستقاة من نضال الكادحين الطبقي ومقاومتهم الثورية. وفي عملنا هذا، نحن نحقق واجب، والذي

نكسب رضى سياسياً بتحقيقه من أعضاء ومناصرين. نحن سوف نكون قادرين على المحافظة على هذا الجهد، اذا استطعنا الانتظام التوازي مع الحجم الحالي لحركتنا، والموارد، والحاجات. وهذا هو الشرط المسبق لتنظيم عمل المناصرين الملحقين الذي نبني ولكسبهم الثقة لدفعهم أكثر باتجاه تحديات جديدة في الانتاج - والآن التوزيع المتزايد - لهذه الكتب والكتيبات.

من المهم استيعاب التقادم السياسي التي تكسبه الحركة الشيوعية من الجهد الذي نضعه في تحضير المقدمات للكتب والطبعات الجديدة. وأحد المعروضات الموجودة خلف هذه القاعة هي نسخة من رسالة من رامون لابانينيو سالازار، أحد المعتقلين الكوبيين الخمسة المحكومين بمدة طويلة في السجن هنا في الولايات المتحدة الموجهة الى ماري آليس واترز. لقد أدين بعد تلفيق تهم بالتآمر للعب دور عميل غير مسجّل لدولة أخرى كما أدين بالتجسس وحُكم عليه بالسجن المؤبد.

لقد تلقى رامون مجموعة كتب أرسلتها ماري آليس، بما فيها "خليج الخنازير، أول هزيمة عسكرية لواشنطن في الأميركيتين" لفيدل كاسترو وخوسيه رامون فرنانديز. كتب الى ماري آليس معرباً عن استمتاعه بقراءة الكتاب، ولفت النظر الى ما وصفه "فضيلة عظيمة للكتاب" وأنه - كثوري كوبي والذي كان يعرف الكثير عن فشل اجتياح المرتزقة من الولايات المتحدة في بلايا غيرون (خليج الخنازير) - "لم أقرأ في أي كتاب آخر حول هذا الموضوع". المقدمة التي حضرناها، كما ذكر رامون، أعطته إحساساً لأول مرة "التأثير المباشر للثورة الكوبية، ومثّلها وتأثيرها على شعب الولايات المتحدة وعلى تربية الحركة

الثورية اليسارية وحركة التضامن مع بلدنا". المقدمة، كما قال، ذكرت التأثير على الشباب وآخرين في الولايات المتحدة "أولاً حول المعركة وبعدها حول هزيمة قوات المرتزقة في بلايا غيرون". واستنتج رامون "إنها ترينا مرة أخرى أخوّة شعوبنا وعدم القدرة على قهره".

هذه بالتحديد الأهداف التي كانت لدينا عند كتابة هذه المقدمات للكتب المترجمة التي كتبها قادة في الثورة الكوبية حول الدروس السياسية وأمثلة هذه الثورة. ونزيد قضية الصراع الطبقي في الولايات المتحدة، وتاريخها الحقيقي وتشابُك هذه القضية مع التطورات السياسية الثورية في العالم، وهذا شيء يعلم عنه كثيراً الشيوعيون في هذا البلد. بامكاننا ان نفسر ماذا كان يفعل العمال أصحاب الفكر الثوري والشباب في هذا البلد، وبماذا كانوا يتفاعلون، والاستتباعات السياسية لافعالهم. الصورة السياسية الدقيقة التي نعرض حول الجدل بين القوى الطبقية في الولايات المتحدة والتي هي دائماً مختلفة - أغنى، وأكمل وأكثر تناقضاً - مما يعرضه الآخرون، بما فيهم الثوريين.

هذه المقدمات هي ضرورية أكثر هنا، للعمال، المزارعين والشباب في الولايات المتحدة. تبرز هذه المقدمات الحقيقة الطبقية التي هي أنه لا يوجد هناك "نحن" التي تشمل الشعب العامل مع الطبقة الحاكمة الرأسمالية وحكومتهم وأحزابهم السياسية. بصرف عن مكان اقامة القارىء، في الولايات المتحدة أو خارجها، انه لأمر رائع عند اكتشافهم الحقيقة وهي أنه لا وجود لمجتمع متجانس، وبدون طبقات في

الولايات المتحدة وهذا الأمر الذي يعمل حكام الولايات المتحدة لاخفائه عن أعين العمال هنا.

إن كوادر حزب العمال الاشتراكي تعيش وتعمل وتقوم بعمل سياسي في محيطها العمالي. ونحن نفهم الانقسامات السياسية الجذرية داخل طبقتنا والتوزيع الهرمي ضمنها. ونحن نعلم عن حالة النضال والتضامن بين العمال في هذا البلد. كما المستوى السياسي المنخفض وغياب أي موروث حي للصراع الطبقي الثوري الجماهيري. ونحن نندمج أكثر فأكثر في المقاومة المتصاعدة لطليعة العمال والمزارعين. ونحن نعلم عن الانفتاح الموجود بينهم على الكتابات التي تقدم وجهة نظر ثورية. نحن نفهم إنجذاب الشباب المتجذّر الى المقاومة الخاصة بالطبقة العاملة. والطرق التي بامكانها ان تقودهم الى الحركة الشيوعية. الى الشباب الإشتراكي. ونحو الحزب وفتح الباب أمام ربحهم من جذرية البرجوازية الصغيرة. ولجميع هذه الأسباب فإنه من السهل جداً لنا أن نقبل مسبقاً النشر. إعادة النشر. والتوزيع العالمي للنصوص المكتوبة من قبل الطليعة المناضلة لطبقتنا وحلفائها المعادين للامبريالية.

ليس علينا أن نقبل مسبقاً النشر. في عملنا السياسي هنا في الولايات المتحدة أو عبر علاقتنا مع ثوريين في بلاد أخرى. لان بامكاننا أن نرى هذه الحقائق بدقة أكثر. وغنى أكثر فقط من خلال الإشتراك في النضال المقاوم للطبقة العاملة. وفهمها وتفسيرها ممكن بعبارات طبقية واضحة من قبل الشيوعيين فقط. إعادة تصحيح الصورة الضبابية أو المزيفة والتي يزينها غالباً مجموعة مختلفة من "اليسار" هو شرط مسبق لاعادة

بناء حركة حقيقية شيوعية عالمية. العمال، المزارعون والشباب حول العالم عليهم أن يعتبروا أن الطبقة العمالية في الولايات المتحدة ليست فقط عامل محتمل مساعد لثورات الشعوب الأخرى (في أفضل حالاتها)، ولكن اعتبارها كقوة اجتماعية التي بامكانها وسوف تقود صراعا ثورياً لسلطة العمال - سلطة الدولة - في الولايات المتحدة. هذه هي وجهة النظر التي تستمد طليعة العمال والمزارعين في هذا البلد قوتها السياسية منها. ومن خلال النضال الطبقي على مستوى العالم بما فيها النضال الذي تقوده الطليعة الشيوعية في كوبا.

انها ليست نقطة البداية لأغلب "أصدقاء" الثورة الكوبية في الولايات المتحدة، على الأقل. اذا اراد الـ "أصدقاء" ان يتشدقوا لصالح هذه النظرية، فقد مضى زمن طويل منذ أن قاموا بأي عمل مساند لهذه النظرية. من الممكن أن "يعجبوا" بإصرار الكوبيين الذين يعرفوا. ولكن ليس لديهم أي نوع من المصلحة بمشاركة وضع حياتي مع هؤلاء - كما شرح انريكيه كاريراس في الكتاب "صناعة التاريخ" - وهو ان يستيقظوا كل يوم، وتوديع أحبائهم، وفعل ما يلزم، وعدم التأكيد اذا كانوا سيعودون تلك الليلة أو سيعودون أبداً.

انه لانتصار مهيب ان أغلب الكتب الجديدة التي ننشر تصدر غالباً سوياً باللغتين الإسبانية والانكليزية، وبعض الأحيان لاحقاً بالفرنسية. وأيضاً حسنّا استعمال "اللغة العالمية"، اسبرانتو الطبقة العاملة - قسم الصور. الصور تخبر الزملاء العمال الكثير عن الكتاب، مهما كانت لغتهم،

ومهما كانت خبرتهم السياسية. بامكانهم أن يروا أنفسهم وأشباههم في هذه الصور.

الكثير من الوفود والمراقبين هنا في المؤتمر قرأوا المقالات في مجلتي المليتانت (المناضل) وبرسبكتيفا مونديال (وجهة النظر الدولية) حول الرحلات الأخيرة لرفاق الى باراغواي، الأرجنتين، وفنزويللا. قام الرفاق بهذه الرحلات الى هذه البلاد من أجل الكتابة لصحافتنا وللتعاون مع عمال مناضلين، نساء، وشباب. نحن لا نجلب معنا فقط صحف ومجلات وكتب توفر وجهة النظر الشيوعية حول الصراع الطبقي في العالم. هذه الأدبيات هي من انتاجنا ومن توزيعنا، أي من قبل كوادر حزب عمالي غالباً يكون في خضم النشاط، وليست من أجل الترف الفكري. هذا المزيج يصنع تأثيراً سياسياً.

عندما زار الفريق الصحافي مصنعاً للثياب مُحتل من قبل العمال في الأرجنتين منذ بضعة أسابيع، مثلاً، رحّب العمال، بالتأكيد، بالتضامن والتغطية من قبل مساندين من صحيفة ناطقة بالانكليزية ومجلة شهرية ناطقة بالاسبانية مقرهم في نيويورك. وكانوا مسرورين للحصول على كتب وكتيبات وصحف من الممكن أن تساعدهم على تحديد صراعهم ضمن قالب عالمي سياسي أوسع. ولكنهم تفاجأوا أيضاً، بسرور، بأن أحد المتضامنين معهم والذي جلب معه هذه المواد المكتوبة القيمة كان عاملاً في مصنع للثياب في الولايات المتحدة والذي يعمل على نفس ماكينة الخياطة وكان بامكانه ان يفسر بعض الأشياء حول الرواتب، وتسريع العمل، وشروط أخرى للعمل، وكل هذه كانت مألوفة للعمال الأرجنتينيين. هذا هو مسار

العمال أينما كانوا، بداية اعتبار أنفسهم كجزء من طبقة عمال عالمية - الطبقة التي لاتعتبر فقط "المألوف" بين طرق استغلالنا ولكن امكانية طبقة تناضل سياسياً من أجلها ومن أجل مستقبل للإنسانية.

الإقدام والتبسيط

سنناقش ونصوّت لاحقاً على تقرير قدمته ماري أليس والذي نسميه "الإقدام والتبسيط". هذين التحديين - الإقدام والتبسيط - هما محوريين الآن. ولهذا يجب علينا ان نتابع التقدم بانتاج ومبيع الكتب والكتيبات الذين يطلبهم العمال والشباب باضطراد. لذا قررنا الانسحاب من أوجه عملياتنا الطباعية التي اصبحت اكبر من طاقتنا كما اصبحت التكنولوجيا التي نستعمل غير متداولة بالنسبة الى حجمنا ومهاراتنا. كل هذا وضع عقبة امام تحقيقنا لأهدافنا السياسية. وبسبب "الثورة الرقمية" المشكورة في الطباعة والنشر، اصبح بامكاننا الآن ان نبسّط بشكل جذري جهازنا الطباعي، وفي نفس الوقت ننظم استعمال كتبنا وكتيباتنا بإقدام سياسي أكبر.

وفي نفس المؤتمر في بتسبرغ منذ اربع سنوات حيث اطلقنا الحملة الثالثة للمنعطف نحو الصناعة، قدمت بيغغي بروندي، العضو في اللجنة التنفيذية للمشروع المقام حديثاً "مشروع اعادة الطباعة"، عرضاً حول الجهد الدولي من قبل مؤيدي الحركة الشيوعية لتنظيم المسح الضوئي، والتشكيل، واعادة الزخرفة، والصور والأغلفة لكل عناوين كتبنا والتي كانت

حوالي 350 عنواناً.وفي خريف عام 2000، استلم مؤيدوا الحزب التحضير الأساسي الرقمي لكل هذه العناوين، والتصحيح والتنقيح الالكتروني. كما بدأوا بتشكيل واعادة قراءة كل العناوين الجديدة، كما بدأوا بمراقبة جودة الزخرفة (الغرافيك)، والأغلفة والصور، وذلك للكتب الجديدة والمعاد طبعها. سمح لنا هذا الجهد العالمي لتأسيس مساراً رقمياً توفيرياً في العمل وتنقيص حجم المطبعة حيث نطبع الكتب والكتيبات.

وفي هذا المؤتمر، سوف نسجل عدة نقاط ضمن هذا المجال:

- في الاسبوع الاول في أيلول / سبتمبر سيستلم مؤيدوا الحزب في أطلنتا التنظيم اليومي للمستودعات وجردة الكتب، والتأكد من الأرصدة وتسجيل الطلبات، ومتابعة الموقع الالكتروني، واقناع الزبائن للطلب عبر الانترنت، توضيب وشحن الكتب، اصدار الفواتير وتحصيلها، ومساعدة الزبائن في مشاكلهم.
- وفي بداية هذا الشهر، ستبدأ اللجنة التنفيذية - هذه لجنة المشروع المعروف سابقاً باسم "مشروع اعادة الطباعة" لاسباب تاريخية والتي تخطى عمله اسمه - مراقبة عمل المؤيدين في تحديث وترويج الكتب وتنظيم العمل المنهج والمستدام المطلوب لتوسيع الارصدة مع المكتبات العامة والتجارية التي تحمل عناويننا داخل الولايات المتحدة والعالم.
- أخذت افرع الحزب في نيويورك مسؤولية ارسال الاشتراكات والطرود لجريدة المناضل أسبوعياً وبرسبكتيفا مونديال

شهرياً. انها خطوة اخرى لتبسيط جهودنا في النشر التي أدت الى تخفيض عدد اعضاء الحزب المتطوعين بدوام كامل في المطبعة وذلك من خمسة واربعين - قبل مؤتمر بتسبرغ في منتصف 1998 -[17] حتى ثمانية.

وفي رسالة الى مؤيدٍ نُشرت داخلياً في كل الحركة عام 2000، أشرت الى اهمية انجازاتهم - المؤيدين والكوادر - ومعناها بالمدى البعيد لعملية النشر الخاصة بالحزب:

بالاضافة الى تحقيق الاهداف بوضع كل انتاج حركتنا من كتاب، كتيب ونشرة تثقيفية بشكل رقمي، بذلك نحقق انجازاً اكبر. معاً مع المطبعة، يساعد المؤيدون ولأول مرة في التاريخ، بوضع الأسس على شبكة الانترنت لانتاج الدعاية السياسية الرقمية، والتي تصبح لا مركزية وذلك بالتجرد عن الشروط المادية، الأمنية أو أي شرط آخر ممكن ان يواجهه حزباً شيوعياً في العقود القادمة. وبهذا اصبح بالامكان

---

17. بناء على هذه التجربة، أخذت خطوة انسيابية اخرى باتجاه انتاج الكتب والكتيبات في بداية 2003، مع تقدم تقنية الطبع الرقمي، والذي اصبحت به المطبعة التقليدية (الاوفست) المكرسة لطباعة الكتب والكتيبات اكثر فاكثر غير منتجة من ناحية الاستنزاف غير الضروري للكوادر وللموارد المالية. ومنذ هذا الوقت، نظم المتطوعون في هذا المشروع الانتاج، ليس فقط لاعادة الطباعة، ولكن الطبعات الجديدة والعمل التحريري للعناوين الجديدة من البداية للنهاية. وذلك خلال العمل مع عدة دور طباعة رقمية في الولايات المتحدة وبلاد أخرى. أسمى المتطوعون انفسهم بعد هذه الخطوة "مشروع النشر".

تحضير برنامج وتراث الحركة العمالية الثورية الحديثة خارج المكان الحسي التقليدي ومن ثم طبعها على آلات حيثما وجدت وعندما تتأمن كلفتها.

ماذا كان ليعطي البلاشفة للحصول على هذا!

كما فسّرنا عدة مرات، حركة المؤيدين هي منظمة ملحقة ليست بفرع محلي محدد لحزب العمال الاشتراكي (أو لأي عصبة شيوعية شقيقة في بلد آخر). العلاقة بين المؤيدين والحزب هي علاقة سياسية، أساسها موافقتهم وانجذابهم الى برنامجنا الدولي، استراتيجيتنا وسلوكنا في الصراع الطبقي، ونشاط كوادر الحزب ضمن هذا التوجه البروليتاري. وكما قال جون بنسون، بإيجاز ودقة، منذ سنتين، "المؤيد هو الذي يرى افعاله السياسية من خلال أعين الحزب، وليس كناشط سياسي مستقل. المؤيد يرى الحزب كأساس، وكوسيلة للعمل السياسي".

التقدم الذي نسجله في هذا المؤتمر، يجعل الآن ممكناً الخطوة التالية في تبسيط بنيتنا والتحول بتنظيم عملنا: نقل المتفرغين من الحزبيين العاملين في الدوريات الصحفية والمكتب الوطني الى موقع مركزي في مانهاتن والذي يشاركون فيه مع فرع عمالي في مدينة نيويورك. بامكاننا ان نبدأ بتنظيم المركز الوطني للحزب ومكاتب التحرير لجريدة المناضل وبرسبكتيفا مونديال الى مراكز رئيسية حجماً ووضعاً بحسب احتياجاتنا. سيكون المركز مبنياً حول قاعة للعمال والتي ستستضيف ندوة أسبوعية ل"المنتدى العمالي لجريدة المناضل". قاعة

بإمكان الفروع الرئيسية للحزب في نيويورك تحمّل كلفتها، وصيانتها واستعمالها لتقدم الحزب. من خلال تكليف الكوادر بهذه المسؤوليات الوطنية والعمل في مركز رئيسي مشترك مع الفرع العمالي للحزب والذين هم بمعظمهم اعضاء بالفرع وبقيادته. سيحقق هذا تقدما في بناء منظمة بروليتارية في نيويورك وبتحقيق المسؤوليات الوطنية والعالمية للحزب. عندها سنبدو بماهيتنا. ما تراه هو ما تحصل عليه!![18]

اننا نقترب من انجاز تاريخي ساهم به كل عضو بالحزب، الشباب الاشتراكية، وداعمي الحركة الشيوعية. هنا وحول العالم. وذلك خلال السنوات الاربع الماضية منذ اتخذنا هذا الخيار. معاً عند التحول في الحملة الثالثة في مؤتمر بيتسبرغ.

من كوادر العمال البلاشفة

في نهاية هذا المؤتمر، ستنتخب الوفود اللجنة الوطنية، وهي اللجنة صاحبة السلطة الاعلى ضمن قيادة الحزب. متسلحين في هذه النظرة للعالم الذي نخوض الآن ومهمات حركتنا. من المفيد ان نقول بعض الكلام حول ما نبحث عنه في انتخاب قيادة الحزب. بما أنه هو نفسه الذي

---

18. احتفلت الحركة الشيوعية في اذار / مارس 2004 بافتتاح المراكز الرئيسية المشتركة في:
306 W. 37th Street, 10th floor, New York
وهو مبنى يحتوي على مصانع ملابس في منتصف مركز مصانع الملابس في مدينة نيويورك.

نبحث عنه في كوادر الحزب بشكل شامل.

طُلب مني ان اتحدث في لقاء في سانت بول، منيسوتا. منذ اكثر من اسبوع، للاحتفال بخمسة وستين عاماً من النشاط السياسي الشيوعي لشارلز شير. وهو صديق وعضو مؤسس لحزب العمال الاشتراكي والذي توفي الشهر الماضي. في هذا اللقاء ناقشنا ما هو الذي يجعل من الشخص شيوعيا. كيف نفسر ما الذي يجعل شخصاً يتخذ هذا القرار الذي يستمر مدى الحياة؟

ليس هناك شيئاً يسمى بـ "شكل شيوعي". واذا قبلنا بهذه المقولة، يصبح تنسيب الاشخاص اسهل بكثير. هناك تنويع مجيد من "الاشكال". لسوء الحظ كلها مصنعة في العالم البورجوازي. والذين يجدون طريقهم الى الحركة الشيوعية. الذين يستطيعون ويفعلون منهم، يصبحون عميقين سياسياً. ويكونون غير مقولبين. وخصوصاً بقالب عادي. الذي يشترك به الشيوعيين ليس الشخصية، او خلفيتنا الجينية، او نطاق اهتماماتنا وهكذا. في الحقيقة لا يرتاح الشيوعيون اكثر من اي شخص آخر مع "المهندسين الاجتماعيين" الذين يحاولون ان يتجانسوا. و"تحسين" وتأطير الشعب العامل - وان كانت النكهة الليبرالية البرجوازية لهيلاري كلينتون، او التنوع الاشتراكي الديمقراطي السويدي، او النوع الستاليني للسفّاح الذي يبدو محباً، او النوع الاشكروفتي [نسبة الى آشكروفت الوزير في حكومة بوش - المترجم] الذي يدعم تعاطي الشرطة مع الشعب "بطريقة المسيح". نحن اعداء لدودين لمبدأ الدفع باتجاه الكمال للبشر. نحن نعلم النتائج الرجعية لهكذا مبادىء.

من المانيا هتلر الى الثورة الثقافية لماو زيدونغ الى كمبوديا بول بوت والى الحزب الثوري العمالي لجيري هيلي. هذه هي مبادىء مثقفين الطبقة الوسطى والبيروقراطيين وعصاباتهم، وليس العمال اصحاب الافكار الثورية. لا نثق باشخاص يبيعون هكذا مبادىء. ان كانوا من البيروقراطيين او مخلصين. أو مخلصين بطريقهم ليصبحوا مخلصين-بيروقراطيين.

والذي نثق به هو قوة الشعب السياسية الذي يعمل سوياً كجزء منظم من الطليعة البروليتارية التي تكون بدون رأسمال او بدون اجبار لربطنا. الثوريين البروليتاريين يعملون سوياً باقتناع وليس بالقوة. ونطبق هذا مكتشفين انها الطريقة الوحيدة المتاحة للعمال لبناء حزباً مكافحاً - أداةً سياسية بامكانها ان تقف بوجه اصعب الضغوطات، وتحتضن تحديات جديدة. وتحقيق مهماته الثورية. نعمل سوياً على أساس سياسي واحترام متبادل. وليس بالتسلط. وهذا امر مختلف كلياً. نحن على ثقة بطبقتنا. ثقتنا وليدة الخبرة - من خلال هذا نصبح مواطنين الزمن، ومواطنين العالم، ومواطنين التاريخ. "نحن ورثة الثورات العالمية" كما عبر عنها توماس سانكارا ببلاغة.[19]

---

19. انظر خطاب سانكارا في تشرين الأول / اوكتوبر 1984 امام الجمعية العامة للامم المتحدة. في كتاب
Thomas Sankara Speaks: The Burkina Faso Revolution 1983–87 (New York: Pathfinder, 1988, 2007), p. 165 [2007 printing].
وفي كتاب
We Are Heirs of the World's Revolutions (New York: Pathfinder 2002, 2007), p. 70 [2007 printing].

الاشتراكية ليست ايمان لنا ولا رؤيا. لا نفرض افكارا لامعة. لا نخلق عالما جديدا في رأسنا. نطبّق عمليّا مسيرة الطبقة العاملة كما تنمو حول ديكتاتورية البروليتاريا من خلال نضال طبقي معقّد ودائم. عملياً، ونحوّل الشروط التي تنظم حياتنا، والتي تتحول بدورها من خلال هذا النضال. ونفعل ذلك كله طواعاً.

لا نغير شخصيتنا عندما نكسب خبرة في الحركة الشيوعية، ولا "طبعنا". ومع ذلك نجاهد لتطوير العادات البروليتارية. ونتوصل الى فهم افضل بمركزية التضامن الانساني لخط مسيرة الطبقة العاملة. وان التضامن مخالف جدا للعلاقات الاجتماعية داخل المجتمع الرأسمالي - مخالف لكل قواعد و مبادىء ومواقف وفتيش الذي يخلقها رأس المال. و فوق كل شيء، اصحاب العمل يعتمدون على قوة عمل تفقد الثقة بنفسها وبالطبقة العاملة.

ليس الشيوعيون "حتميّين"، و هذا عكس ما قيل لنا قبل ان ننضمّ الى الحركة. "الانسان يصنع تاريخه" علمنا كذا ماركس في "18 بروميير للويس بونابارت"، "ولكن لا يصنعونها كما يرغبون، لا يصنعونها تحت ظروف يختارونها بأنفسهم."[20] نحن نعتقد بواقعية الحظ، في التفاعل بين السببية والمصادفة، حتى في الحظ (بالرغم اننا نحاول ان نؤثر على حظنا). ما هو

---

20. كارل ماركس
Karl Marx, *The Eighteenth Brumaire of Louis Bonaparte,* in Marx and Engels, *Collected Works,* vol. 11 (Moscow: Progress Publishers 1979), p. 103.

الحظ؟ الحظ هو ان نكون جاهزين. هكذا تنظم الحركة الشيوعية فعالياتها. نبنى حزبا بروليتاريا انضباطيا لنصبح جاهزين سياسيا لاتخاذ الفرص في النضال الطبقي المتزايد والنشاط الثوري وذلك عندما تحدث هذه بسرعة فجائية. كان يقول جيم كانون باعتزاز ان: اذا عشت سليما، احيانا سيكون لديك الحظ. جهز نفسك.[21]

لا نتظاهر بالتنبؤ بتعرجات مسيرة الطبقة العاملة. لا احد يستطيع ان يخطط الاتجاه والتوقيت معاً، بالحاليتين متى وأين. نحلل منطق الصراع الطبقي بدقة وبصراحة، كما ندرس الطرق المتماسكة التي تمر فيها مسيرة التطور الرأسمالي في الوقت الحاضر وجبهات مقاومة العمال والمزارعين ضد الهجومات المتزايدة من قبل المستغلين. ننظم ونتحرك بطريقة مركزية على اساس هذه الحسابات. نزن تلك الوقائع، نناقشها سوياً مع هؤلاء المناضلين.

تشارلي شير وهلين شير، التي كانت كادر حزبي طويل الامد والتي ماتت بسنوات قليلة قبل تشارلي، عاشا سوياً لمدة خمسين عاماً. ولكل واحد منهما كان طبعا مختلفا. وفي نفس الوقت، كل واحد منهما كان شيوعياً، كان عاملاً وكان شخصاً سياسياً عميقاً. عندما كان يكتب لك تشارلي او هلين

21. "اذا عشت وتصرفت بشكل سليم، تحصل على فرصة حظ بين الحين والآخر". كما قال كانون في احدى خطاباته الاثنا عشر عام 1942 حول الجهد لبناء حزباً شيوعياً في الولايات المتحدة. "وعندما يصادفك امراً - ايجابياً - يجب عليك ان تستفيد من حدّه الاقصى".
James P. Cannon, *The History of American Trotskyism, 1928–38: Report of a Participant* (New York: Pathfinder, 1944, 2002), p. 185 [2009 printing].

رسالة لموضوع او لآخر، كانت رسالتهما تختلف كثيراً في النبرة والشكل. ولكن تقريباً بدون استثناء، في مكان ما في آخر الرسالة، كل واحد منهما كان يسأل: "ماذا تقرأ؟" وكانا يتوقعان جواباً. كانا فعالان يشاركان في المدرسة الاشتراكية الصيفية التي كمّلناها، وكانا يدعمان بحماسة تنظيم مدرسة ليتعمق فيها فهمنا "الإمبيريالية" لينين بذات الطريق الجدي والنظامي نفسه.

يعيش الشيوعيون حياتهم في الحاضر و ليس في المستقبل. نفعل ذلك عملياً و في "رؤوسنا" ايضاً. لا يبدو شيئاً اكثر غرابة لنا من فكرة طوباوية. الطوباويون الحقيقيون خطرون وفي النهاية،انهم افرادا ضد الانسانية. يملكون "مشروعاً" و"خيالاً"، "مخططاً" لمجتمع المستقبل، ويحاولون فرضه على الآخرين. هل ترى الضوء؟ ضربة شديدة! هل ترى الآن الضوء؟ بالحقيقة ولدت الحركة العمالية الثورية الحديثة من خلال انفصالها عن كل الحركات الطوباوية الاشتراكية المبكّرة للبورجوازية الصغيرة.

بالعكس، يفهم الشيوعيون الزمن الحاضر. نفهمه كجزء من التاريخ وليس كمجموعة أحداث. كتبت جريدة "المينيابوليس ستار تريبيون" في نعيها عن الراحل تشارلي انه "كان مقتنعاً ان رأيه سيسود في النهاية" ولكن اذ عرفت تشارلي، تعرف انه- مثل اي شيوعي، اي ثوري- لم يفعل بحياته كما يفعل لانه "يؤمن" بسيطرة "آراءه" يوماً. بالعكس، عرف تشارلي ان برنامجنا يسود يومياً. يرشدنا بالعمل الشيوعي الفعال، عمل يزيد الى الحد الاعلى ثمرة جهدنا المشترك. ينسج

الشيوعيون. نسيجاً من التجربات للاجيال من خلال الصراع الطبقي. وهكذا كل الذي يحصل في الوقت الحاضر. وكل ما نفعله من اجل الحاضر. هو من خلال التجارب في التاريخ.

علّقت الجريدة في مقالة آخرى عن تشارلي. وعلى مكتبته الكبيرة وعن رفوف كتبه الكثيرة. مسمية اياه بـ"المفكر العامل". ولكن هذا الكاتب اخطأ بحق تشارلي ايضاً (ممكن ان تصبح الفكرة المتصورة خطيرةً). الشيوعيون امثال تشارلي. يعرفون ان العامل البلشفي مزود بافضل المعرفة للتقدير السياسي ولإتخاذ القرارات من ما يسمى "العامل المفكر". العمال البلاشفة يكمنون بانفسهم ما قرأوه وما تعلموه مع الآخرين في تجربة الصراع الطبقي. يستمتع العمال البلاشفة بالقراءة وبالدرس مع الآخرين الذين يناضلون لاهداف مشتركة. يقرأون اكثر وليس اقل عندما تتزايد سرعة الصراع الطبقي. انهم مقتنعون بان العمل الثوري المركزي. كجزء من كوادر الحزب الثوري. تحت الانضباط التطوعي الحر. يفتح المجال لعمل منجز لمدى الحياة. هذا هو المعنى ان تصبح سياسياً.

تقديم نموذج ثوري

خلال السنوات المقبلة. العمال والشباب الشيوعيون سيقدرون اكثر واكثر الأفضلية الحقيقية لازدياد المقاومة من قبل طبقتنا وحلفائها - هنا وفي كثير من مناطق العالم- والتي بدأت قبل الضربات الاولى الاكثر قسوةً لمرحلة الكساد والحروب التي ندخل فيها الان. سنفهم بتماسك اكثر اهمية

المسافة السياسية التي يكسب بها العمال بجهدهم خلال النضال، وخطر خسارة هذه المسافة اذا لم تُستغل. سنشهد نماذج تدل على التجارب الرابحة من خلال اي معركة والتي لا تتشتت. ولا حتى اذا كانت نتيجتها في مأزق مع العدو الطبقي او اذا كان هنالك خسارة مؤقتة لطبقتنا. سنشهد كيف يستخلص العامل نفسه الدروس من هذه المعارك. وبعد قليل من الوقت، يرجع هذا العامل الى المعركة نفسها او غيرها. ولا ينسى العامل المناضلين، والمنظمات، او الجرائد التي من خلال تجربته تعلم انه بالامكان الثقة بهم لانهم يملكون الاصالة البروليتارية ولانهم في الصفوف الامامية في معركة عادلة.

من اهم المساهمات السياسية التي تنتجها حركتنا، من خلال العمل بالبروباغندا اليوم - في جريدة المناضل، في مجلة برسبكتيفا مونديال، في الكتب والنشرات التي نطبع - تشير إلى النماذج العظيمة للكادحين الذين يقفون ويناضلون بدون خوف، الذين يظهرون احتقاراً للحكام وهم على ثقة بالنصر. نسلط الضوء على أكثر من اربعين سنة من تجربة الشعب العامل الكوبي وقيادته الثورية الجاهزة لمواجهة كل شيء يهدّد سيادته وثورته الإشتراكية. يُعبر فيدل كاسترو واسفالدو دورتيغوس عن هذا الموقف الثوري المتصلّب في تصريح يختم الكتاب المقبل لباثفيندر برس "تشرين الأول / اكتوبر 1962: ازمة الصواريخ. من وجهة نظر كوبا". القائدان الكوبيان تكلما باسم الاكثرية الكبيرة من الكادحين الكوبيين عندما اجابا إلى الاستفزاز الجديد من قبل الإدارة الديموقراطية الجديدة في نهاية هذه الازمة في تشرين الثاني / نوفمبر قائلاً:

"ايماننا ضعيف في كلمات الرئيس كندي كما هو خوفُنا امام تهديداته المُبطّنة."

نفتخر بمقاومة وباعادة وقوف الشعب الفلسطيني عند تعرضه لضربة ما. على غلاف احدى الكتيبات باثفيندر للنشر. طبعت صورة لشاب فلسطيني مصمّم ومن خلفه شعار مكتوب على الحائط يقول: "نقاتل إسرائيل لانها ختل اراضنا!"

هذا التصميم للنضال. وغياب الخوف المستسلم. وهذا البغض الطبقي للمضطَهدين والمستغلين يشكلون المادّة التي تسبق اي تجديد للحركة الثورية الدولية. ومع اندماجنا بنضال هؤلاء المناضلين الذين يتشربون بهذه الروح هنا في الولايات المتحدة وفي العالم اجمع. في نفس الوقت حركتنا لها القدرة لمناقشة النظرية السياسية الشيوعية التي هي اساسها في التجربيات والدروس في اكثر من مئة وخمسين عاماً من النضال الثوري.

ومع العد العكسي لإنحلال الحركة الستالينية العالمية. اصبحت العقبات اقل من اي وقت منذ اواخر العشرينيات داخل الحركة العمالية. للمناقشة مع عمال ومزارعين وشباب ذوي الافكار الثورية. والتي هي أقل حجماً منذ اواخر العشرينيات من القرن الماضي. وكذلك العقبات اصبحت اقل لتوزيع الادبيات الشيوعية إلى ايديهم. سوف ينجذبون إلى النموذج الثوري للعامل البلشفي مثل تشارلي شير.

كان تشارلي يسكن في دارالعجزة عندما حدث هجوم 11 ايلول / سبتمبر. واحياناً لم يستطع ان يفهم ما يحصل

بسبب ضعف صحته. ذلك اليوم جلس ابنه بيل جانبه وبدأ يخبره عن الهجوم على المركز التجاري الدولي في نيويورك. ظهر تشارلي انه يسمع ويفهم، ولكنه لم يتجاوب. ثمّ اضاف بيل ان طائرة أخرى قد تحطمت على البنتاغون.

وفيٍ هذه اللحظة ادار تشارلي رأسه، ونظر باتجاه بيل، إبتسم قائلاً بصوت عالي حتى يسمع زملائه المرضى "هذا جيد اليس كذلك!"

ملخص المؤتمر

من المهم ان نكون متماسكين في فهمنا للمرحلة الحالية في تطور منحنى نمو الرأسمالية عالمياً على المدى الطويل، و ايضاً في السياسة الطبقية في الولايات المتحدة. و إلا سنستعمل صيغ بدلاً من تحليل واضح و برنامج شيوعي. ولن نستطيع ان نشرح بدقة ما يجب ان نفعل الآن لبناء حزب بروليتاري في هذا البلد. وتنطبق هذه الجدلية، بين البرنامج الدولي والساحة الوطنية لمسيرة الشيوعيين نحو السلطة، على بناء حزب في كل مكان في العالم. ولكن لا يوجد اي مكان في العالم حيث تكون نتائج الإخفاق في تطبيق هذه الحقائق الطبقية اكثر ضرراً، لإمكانيات ثورية و لإستقامة البروليتارية، من الولايات المتحدة التي هي الحصن الأقوى للإمبريالية العالمية.

نتناول هذه المسألة مباشرةً في الفقرات النهائية للتقرير السياسي التمهيدي امام هذا المؤتمر. نقول ان التفكير والتصرف وفقاً لأسس البروليتارية الأممية يكون الان وسيبقى في المستقبل مسؤولية خاصة وتحدياً خاصاً للثوار الذين يعيشون و يعملون في الولايات المتحدة.

"لا نقوم بنشاطنا السياسي فقط في اغنى بلد في العالم، ولكن في بلد لم يختبر الحرب على اراضيه منذ 1865 . حدثت في هذا البلد معارك طبقية دمويّة و حركات بروليتارية إجتماعية، ولكن لم تحدث ابداً حالة ثورية أو تمرّد عمالي. هذا البلد شهد إبادة جماعية للشعوب الأصليين ونظّمت انواع من العنف القاتل على مدى عقود من قبل جماعات رجعية مثل الكو كلوكس كلان (KU KLUX KLAN) بالإضافة الى الوحشية النظامية من قبل الشرطة والحرس الوطني و العصابات المستخدمة من قبل ارباب العمل. ولكنها عانت تجربة محدودة بالصراع المباشر في الشوارع وعلى ابواب المؤسسات المضربة بين العصابات الفاشية من جهة وحرّاس من النقابات والمضطهدين للدفاع من جهة ثانية".[22]

ستمرّ الطبقة العاملة و طليعتها الواسعة في الولايات المتحدة بكل هذه التجارب في الصراع خلال مسيرتها نحو حالة ثورية. سيأخذ كل واحد منهم شكل متماسك غير مطابق لما حصل في أي مكان آخر او في اي وقت آخر في التاريخ. سيحصل تمازج فريد. بعض المراحل من السياسة الطبقية ستكون مبتورة و مجموعة والبعض الآخر ممتدّة. ستتسارع بعض المراحل ب"سرعة حقاً امريكية" مستخدماً عبارة

---

22. جاك بارنز
Jack Barnes, "Our Politics Start with the World," in *New International* no. 13 (New York, 2005).

تروتسكي.[23] و لكن سيعاني العامل الشيوعي في الولايات المتحدة كل اشكال هذا النضال السياسي قبل ان يُطرح الصراع الثوري للسلطة.

ستواجه الطبقة العاملة في هذا البلد جهد من قبل الحكام الرأسماليين، وحكوماتهم و قوى يمينية متطرّفة لسحق الحركة العمالية. ستستخدم الأنظمة البونابرتية، التي تم تركيبها من خلال غطاء انتخابي او من خلال انقلاب عسكري، قدرة الدولة الامبريالية والديماغوجية المتزايدة ضد منظمات العمال والمزارعين. للمحافظة على الحكم الرأسمالي، ستوافق الأسر المتملّكة البرجوازية على طرق هي نفسها تخافها وتحاول ان تتجنبها في زمن اكثر هدوء. ستشجع البرجوازية قيام والديماغوجيين الفاشيين والحركات الفاشية بما فيها الشكل الأكثر خباثة: المنظمات الإشتراكية القومية التي تنشد بناء قاعدة جماهيرية بين الطبقات الوسطى المتزعزعة و طبقات العمال المحبطين، بضم الحشو في الكلام المتطرف و المضاد للرأسمالية الى نداءات بالقومية والعنصرية والمعاداة للسامية و الإجحاف ضد المرأة والخرافات الاكثر رجعية ومميتة.

نبحث كثيراً في كتاب "الوضع الدولي غير المنظم للرأسمالية" عن ماذا تعلّمت الطبقة العاملة خلال القرن الماضي عن الفاشية و كيفية محاربتها، ومن ضمنها مختلف اشكال الفاشية المذكورة سابقاً، وكيف تُظهر انفسهم في

23. تروتسكي
Trotsky, *Europe and America* (New York: Pathfinder, 1971, 2009), p. 101 [2009 printing].

النضال الطبقي في الولايات المتحدة. نذكر في كثير من الاحيان ما قال فاريل دوبز، القائد القديم للحزب الإشتراكي العمالي: إذا اعتقد ايّ شخص عندما يحتدم الصراع الطبقي في الولايات المتحدة اننا لن نشهد على كل هذه الانواع من الرجعية»، آنذاك انهم مخطئون تماماً ولن يبنوا حزب عمال ثوري في هذا البلد. سنشهد محاولة كل هذه الخيارات (الطبقة الحاكمة)". من الدولة القمعية الى النظام العسكري الى محاولات من قبل الحركات الفاشية الجماهيرية المتطرفة المضادة للرأسمالية، لإنقاذ الحكم الرأسمالي.[24]

ويؤكد هذا اهمية ان يقدّر العمال الشيوعيين بتماسك ودقة التطورات الحالية في الصراع الطبقي. اطرح هذا لأن احد المندوبين في مناقشات المؤتمر امس تقدم بإقتراح بأن نقدم بالإضافة الى "الإمبريالية، اعلى مراحل الرأسمالية"، كجزء رئيسي من دراسات المدرسة الشتوية، اعمالاً سياسية اخرى للينين من الفترة ذاتها. ولكن هذا سيخرجنا عن المسار سياسياً. ان اختيارنا لهذا الموضوع ليس مرتبطاً بأيّ تشابه بين الوضع السياسي الذي نواجهه حالياً والوضع الذي كان لينين يحضّر كوادر الحزب البلشفي ليواجهوه خلال النصف الأول لعام 1916 في وسط الحرب العالمية الأولى عندما كتب "الإمبريالية".

كتب لينين، تقريباً في نفس الوقت الذي كان يستكمل فيه "الإمبريالية"، انّ "عهد 1914-1916 هو عهد الثورة" ليس

---

24. جاك بارنز
Jack Barnes, *Capitalism's World Disorder: Working Class Politics at the Millenium* (New York: Pathfinder, 1999), pp. 326–27 [2008 printing].

فقط في روسيا بل في المانيا وفي امكنة اخرى في اوروبا. كانت "مخفيةً في اعماق الحرب، وكانت تظهر من خلال الحرب. وكان يجب ان تُعلن بإسم الطبقة الثورية، وكان يجب ان يُعلن برنامجها كاملاً وبجسارة. الإشتراكية مستحيلة في عهد الحرب بدون الحب الأهلية ضدّ البرجوازية المجرمة الشديدة الرجعية، والتي تحكم على الشعوب بكارثةٍ لا توصف".[25]
ركز البلاشفة على منظورية تحويل الحرب التي يستخدمها الإمبرياليون لإخضاع العمال والمزارعين للقتال، الى حرب اهليّة لإطاحة الطبقات المالكة.

طبعاً من المهم ان نقرأ ونناقش هذه الكتابات السياسية. وقد فعلنا ذلك مثلاً خلال الدراسة المكثّفة للينين التي نظمتها حركتنا في بداية الثمانينات، وسنقوم بذلك في المستقبل ايضاً. ولكن لينين لم يستمد تحليله لأعلى مراحل الرأسمالية الذي قدمه في "الإمبريالية" من الحالة التي كان الكادحون يعيشونها في تلك الفترة - برغم اهمية هذه الأسئلة السياسية للينين - ولم يعتبر شيء آخر اهم في ذلك الوقت. لأن هذه الأسئلة كانت اسئلة الثورة مقابل اسئلة الثورة المضادة.

كان اساس ما قدّم لينين في "الإمبريالية" هو تحليل موضوعي لهيكلية وتطوّر الإقتصاد الرأسمالي خلال عدة عقود. "انني على ثقة ان هذا الكتيب سيساعد القارىء في فهمه

25. لينين
Lenin, "The Junius Pamphlet," in *Lenin's Struggle for a Revolutionary International* (New York: Pathfinder, 1986), p. 661 [2010 printing], and in *Rosa Luxemburg Speaks* (New York: Pathfinder, 1970), p. 578 [2010 printing].

للمسألة الإقتصادية الأساسية التي هي الجوهر الإقتصادي للإمبريالية" كتب في نيسان / ابريل 1917 في ختامه لمقدمته لأول طبعة للكتاب. "لأنه ان لم ندرسه. سيكون من المستحيل ان نفهم ونقيّم الحرب والسياسة الحديثة".[26]

يجب ان لا يدرس الآن اعضاء الحزب الإشتراكي العمالي وشباب الإشتراكية وكل من هم على اتصال بنا، الفترة التي كتب خلالها لينين "الإمبريالية" - وهي الفترة حين كان يقود حزباً يتألف من اكثر من عشرين الف عضو و خلال اقل من سنة من توليه السلطة. هذه لا تشابه الأوضاع السياسية التي نتفاعل معها اليوم في الولايات المتحدة او في اي مكان آخر.

عوضاً عن ذلك، نحتاج ان نجابه انفسنا الى قراءة ودراسة "الإمبريالية" لنستطيع ان نفهم و نشرح للآخرين لماذا عرض لينين للإتجاهات الملازمة للنظام العالمي الإستغلالي والإضطهادي الرأسمالي ما زال صامداً في اسسه اليوم - بمعزل عن الظروف والمرحلة المختلفة، المسيطرة على السياسة العالمية في عامي 1916-1917 من السياسة في السنوات الأولى القرن الواحد والعشرين. التمدد والتوسّع الهائل لنظام السوق منذ كُتبت "الإمبريالية". التحوّل المستمر في تقنيات وسائل الإنتاج و التداول، الثورة المضادة الستالينية التي خانت الدولة العمالية السوفيتية و التي دمرت الأممية الشيوعية كآلة ثورية، نهوض الفاشية والحرب العالمية الثانية، انتصار حركات التحرير الوطنية في منطقة الكاريبي و افريقيا و

---

26. لينين

Lenin, *Imperialism, The Highest Stage of Capitalism*, p. 3.

الشرق الأوسط و آسيا والمحيط الهادىء. اسقاط الثورة للعلاقات الملكية الرأسمالية في يوغوسلافيا و الصين و كوريا و فيتنام و كوبا. الفيضان العالمي بالنقود الاميركية الإلزامية كأول عملة احتياطية عالمية غير قابلة للإسترداد بالذهب او الفضة. وتطورات مصيرية اخرى لا تُعد. كل هذه مظاهر متماسكة لمرحلة الرأسمالية التي تم شرحها في "الإمبريالية". كل هذه تُفاقم الضغوط التي اكدها تحليل لينين.

سنقرأ "الإمبريالية" في الوقت الحاضر لنفس الأسباب التي شرحها لينين في نيسان / ابريل 1917: "لانه ما لم تتم دراستها. سيكون من المستحيل فهم و تقييم الحرب و السياسة الحديثة". لن تتجاوز الإمبريالية تناقضاتها الاساسية. اما سيُنقلب هذا النظام او سيخلق جحيماً على الارض. لا تتعودوا عليه. تعودوا على مواجهته و محاربته.

لا يستهلك الحكام 11/9

قدّم بعض المندوبين ملاحظات بأن حكام الولايات المتحدة "يستهلكون حوادث 11 ايلول / سبتمبر حتى الآن" في مسيرتهم نحو الحرب وهجومهم على حقوق العمال. يقاتلون حتى الآن بشعار "11/9" على راياتهم.

هذا لا ينطبق هنا؛ تختلف الاستنتاجات التي نقدمها امام المؤتمر. منذ الاشهر الاولى لعام 2002. كانت لاحداث 11 ايلول / سبتمبر الماضي علاقات اقل و اقل مع ذرائع الحكام لسياساتهم و اهدافهم المعلنة. لا يبرر الحكام هذه السياسات - اولاً او حتى

جزئياً بترجيعهم الى الهجوم ضد المركز التجاري العالمي - مثل تخلصهم من معاهدة الحد من الصواريخ البالستية، او تحضير هجوم ضد العراق، او انشاء القيادة الشمالية ("للدفاع عن الوطن")، او رفض المحكمة الدولية الجنائية، او اضعاف القاعدة القانونية HABEAS CORPUS (القائلة بالحق باطلاق السراح وبعدم الاعتقال بدون مسوغ قانوني - المترجم). يرتكز اهتمامهم في الحرب العالمية ضد الارهاب اقل و اقل على احداث 11 ايلول / سبتمبر. انهم ينبحون بهذا الشعار القومي بشكل دوري - قسم عاطفي، قسمان قومية امبريالية، وكله دهماوي.

عوضاً عن ذلك، يقولون ان "نحن" - و هذه "النحن" تشمل رئيس الوزراء البريطاني توني بلير و حلفاء الامبريالية الاخرين لواشنطن - يجب ان نضرب "محور الشر" و "نوقفهم" ما دمنا "نستطيع". هنا تأكيد بوش في خطابه حول "حالة الاتحاد" امام الكونغرس في آخر كانون الثاني / يناير 2002. ان العراق و ايران و كوريا الشمالية يؤلفون ثلاث نقاط في محور الشر، لم يكن استمراراً لديماغوجية 11/9 منذ الخريف السابق. في الواقع ان خطاب "محور الشر" شكل انقطاعاً عن استخدام 11/9 لتبرير المسيرة الامبريالية لواشنطن. لماذا يذوي اسم بن لادن من دعاية حكام الولايات المتحدة؟ لماذا خُفض الانتباه الى افغانستان؟

اولاً، كما ذكرنا في التقرير، انتقلت واشنطن الى تسمية و تجهيز ضرباتها ضد البلدان التي اثبتت امكانياتها لبناء قدرات عسكرية دفاعية للتصدي لضربات مدمرة كرد على اعتداءات من قبل امبريالية الولايات المتحدة: العراق، ايران، و كوريا الشمالية. و هذا لا يتعلق بتملكهم حقاً لهذه القابلية اليوم.

لا يقتصر تبرير واشنطن لاستعدادها الحاليّ للحرب ضد العراقٍ على الحاجة لتوقيف الاعمال الارهابية الجديدة. هي تنظم حرباً امبريالية تقليدية لتشديد هيمنتها على المنطقة - ونفطها - ولتعزز موقعها العسكري مقابل القوات الامبريالية المنافسة.

يدرك الحكام انهم لا يستطيعون ان ينتظروا "11/9 آخر". حيثٍ لن يستطيعوا التنبؤ به. من الممكن ان يكون الانتظار طويلاً. ولا نحتاج الى نظريات تآمرية بأنهم يخططون لذلك بأنفسهم. حكام الولايات المتحدة يحتاجون كثيراً للشيء الذي فشلوا في الحصول عليه خلال العدوان على افغانستان: موجة قوميّة تغذي نفسها كرد على دم جنود الولايات المتحدة الذين سقطوا في ميدان الحرب. يحتاجون لذلك ليأخذوا المبادرة. ليضعوا الاستعدادت القومية تحت سيطرتهم. وهذا هدفهم. و يملكون الصورة الخادعة أنه بإمكانهم اطلاق نارهم البدائية السريعة في الشرق الاوسط لكي يجهّزوا صراعاً دولياً طويل الامد على نحو افضل.

و في نفس الوقت، تتحرك حكومة الولايات المتحدة حول ترسيخ الخيار القانوني لاستعمال القوى الفديرالية في الداخلٍ في المستقبل تحت قيادة عسكرية مركزية. و هذا يتماشى يداً بيد مع امتحانات تدريجية لشرعنة خيار استعمال الإحتجاز "الوقائي" بدون اتهامات (و حتى بدون حق رؤية محامي)، محاكم سريّة، و تزايد التنصت على المكالمات الهاتفية و اشكال اخرى من التجسس و المضايقات المستمرة. و بينما يوجد اختلاف داخل الطبقة الحاكمة حول المدة و السرعة، وبينما عليهم ان يتراجعوا عن مظهر او آخر في مسيرتها، يوجد دعم من الجهتين

في الكونغرس لقيام اساس للتحرك لاي حكومة مع حريتها للتصرف في هذا الاتجاه.

تغطي الآن الصحف البورجوازية قانون الدفاع عن الوطن (HOMELAND SECURITY ACT). ان اساس الدفاع عن الوطن، كما لاحظنا في التقرير الافتتاحي، ستكون القيادة الشمالية للبنتاغون التي ستباشر في تشرين الاول / اكتوبر و التي تهدف الى اضفاء الشرعية وفي النزاع الاخير الذي هو على الحافة على استخدام القوات المسلحة للولايات المتحدة ضد الشعب العامل في الولايات المتحدة وفي كل شمال امريكا! ستكون القوات المسلحة للولايات المتحدة قوة الملاذ الاخير عندما يُقرر استعمالها لقمع الاضطراب المدني بسرعة لمنع "الارهابيين" من انتهاز "الفرص الملائمة".

منحنى تطور الرأسمالية

لم تبدأ التناقضات الاساسية للرأسمالية العالمية، التي ضغطت نحو الكساد و الحرب، في 11 ايلول / سبتمبر 2001. بعضها تسارعت مع هذه الاحداث، ولكن كل هذه التناقضات لها جذور في المنحنى النزولي للرأسمالية الذي بدأ قبل ربع قرن و تلاها الإضعاف المتبادل و من ثم انهيار الاجهزة الستالينية في الاتحاد السوفياتي وعبر اوروبا الشرقية و الوسطى في بداية التسعينيات. تابعنا هذه الاتجاهات خلال كل تلك الفترة: في "الوجه المتغيّر للسياسة في الولايات المتحدة" و في مقالات رئيسية في اعداد مختلفة في مجلّة "الأممية الجديدة" كما

في "بماذا أنبأ هبوط البورصة في عام 1987" و "افتتاح نيران الحرب العالمية الثالثة" و "مسيرة الامبريالية نحو الفاشية والحرب" و "خسارة امبريالية الولايات المتحدة في الحرب الباردة" و في الكتابين "الفوضى العالمية للرأسمالية" و "كوبا والثورة الاميركية المقبلة".

من المفيد الآن ان نعود الى "الفوضى العالمية للرأسمالية" ونعيد قراءة "بعيداً جداً عن الله و قريباً جداً الى اقليم اورانج (ORANGE COUNTY): و الجرّ الانكماشي لتمويل رأس المال" وهو خطاب في مؤتمر اشتراكي اقليمي في لوس انجلس في بداية 1995. شهدت في اواخر 1994 مع انهيار البيزوس المكسيكي. و التخلف عن الدفع على سندات من قبل حكومة الاقليم الغنية في جنوب كاليفورنيا التي فضّلت الدين على ارتفاع الضرائب مبادىء الانكماش غير المتوقعة و العنيفة في الدين الذي يهددنا من جديد. وقلنا في ذلك الوقت:

"مع الضغط على عائدات الاستثمار في المصانع والتجهيزات التي تنشر الانتاج منذ منتصف السبعينات. لم يكن مالكي رأس المال يقللون من تكاليف الانتاج فقط. و لكن كان مالكي الاوراق يتدينون اكثر و اكثر لشراء و بيع انواع مختلفة من الديون الورقية بربح. نفخوا بالوناً ضخماً من الدين في اقليم اورانج على مدى سنوات [مراهنين على استمرار سقوط معدّل الفائدة في بداية التسعينات. هذا كان تبصراً خارقاً مقدماً من الله لمدراء اقليميين طماعين و

لبائعي الاسهم المستخدمين في شركة مريل لينش (MERRILL LYNCH) ان يكونوا غير متمتعين بالقدر الكافي كانوا محميين من اصطفاف النجوم]. اعتبر مالكي السندات انهم ماتوا و اصبحوا في الجنة... عندما بدأ انهيار البالون الذي نفخته المصارف الدولية في المكسيك في الثمانينات. تدخل مالكي السندات و قاموا بنفخه من جديد لفترة. و لكن في اقليم اوراخ، كلما استدان المدراء المحليين لاحراز مكاسب هائلة، مستخدمين الاموال العمومية للمقامرة [بالتواطؤ مع تجار السندات]. كلما زادت هشاشتهم...

و الآن يُنبّه الرأسماليون و ممثلوهم - و ليس فقط في المكسيك و اقليم اوراخ - عن احتمالات على المدى البعيد لإنكماش مالي يتعذّر ضبطه. خلال العقدين الماضيين. اعتمد ارتفاع الدورة الاقتصادية على وجود كميات كبيرة من رأس المال الوهمي. تنفخ الدين و القيمات الورقية الاخرى. الآن يدفع الرأسماليون الثمن لعدم كفاية النمو الاقتصادي خلال تلك الفترة لتجديد هذه الديون."[27]

اجلّ الرأسماليون الازمة لنصف عقد آخر بعد منتصف التسعينات بإختراع و تضخيم المزيد من وسائل الدين و الاصول الورقية. زادت البورصة ثلاث اضعاف. بمقياس المعدل الصناعي

---

[27]. بارنز
Barnes, *Capitalism's World Disorder*, p. 66.

لداو جونز و الـ S&P 500: زاد اقتراض الشركات اكثر من اربعة اضعاف في الولايات المتحدة خلال تلك السنوات الخمس - ليس لتوسّع القدرة الانتاجية. لكن غالباً لإعادة شراء اسهمهم المنتفخة. لنفخها اكثر، لتصبح اكثر و اكثر ذخيرة نقدية.[28] كانت الشركات بين عام 1995 و 2000 في الولايات المتحدة اكبر مشترٍ صافي للاسهم - غالباً الاسهم المنتفخة للشركات نفسها التي اصدرتهم. وقد ناقشنا سابقاً الانفجار في زيادة وال ستريت للفعالية المالية لفيشات المقامرة بإسم المشتقات.

لهذا السبب، مراقبتنا ضرورية للازمة المالية البورجوازية التي تتكشف خلال هذه المرحلة المبكرة لبداية كساد عالمي. مراقبتنا ضرورية لتزايد الإختلالات في اموال الدولة. لتسابق العملة الاولية في البيع. لخطر الرقابة على رأس المال. للغول الإنكماشي المتخفّي وراء كل ارتفاع في معدل الفائدة. الارتفاع التدريجي بسك النقود للمعادن الثمينة و الضغوط الإضافية على القوة النسبية لـ "العملات الاحتياطية الدولية" المنافسة.

---

28. الارقام الحكومية اظهرت انحداراً في الاستثمار الرأسمالي عبر 2001-2002. وحتى الصعود المتواضع في منتصف 2003 ركز على استبدال المعدات البالية. وتخفيض كلفة العمل من خلال تكثيف وتيرة العمل واطالة يوم العمل. وليس بتوسيع القدرة والانتاج. عنوان مقالاً في مجلة Business Week في 19 تموز / يوليو 2004 "خزائن الشركات مليئة بالمال". اشار المقال الى "حتى الآن على الاقل. وبدل ان يتم وضع كل هذا الجهد في العمل. وبدل ان تُضخ الميزانيات الاستثمارية. وبدل ان تتم زيادة الاستخدام. وبدل تجديد المخزون. وبدل توزيع الربح. تبقي الشركات مخزونها المالي غير مستعمل". تقوم الشركات. كما قالت Business Week. بوضع السيولة في صناديق الاسواق المالية. ويقومون بشراء اسهم شركاتهم الخاصة.

في التاريخ الحديث للرأسمالية، وفي عهد الامبريالية خصوصاً، تُركّز الصدمات الكبيرة الاولى، التي تبدأ بتحطيم الثقة في فئات من الحكام، في المؤسسات المالية - في المصارف و في اسواق العملة، الدين و الاسهم - و ليست في المصانع و المناجم و المطاحن. دمار الانتاج و العمالة يلي بعد ذلك، و بعد مرور فترة زمنية.

تحطمت البورصة في تشرين الاول / اكتوبر عام 1929 خلال ازمة الكساد الاقتصادي و استمرت هبوطاً حتى خسرت اكثر من 85% من قيمتها منتصف عام 1932 - و خلال هذه الفترة نشطت بعد ركود عنيف متصاعد. (ومن شبه المؤكد ان المزيد من الاموال قد خُسر في البورصة في عام 1930 من عام انهيار البورصة في 1929 من قِبل افراد تصرفوا تقريبا على اساس ايماني خلال نشاط "الاغبياء" - حين كان الطمع الورقة الرابحة حتى تلك اللحظة فوق الخوف). حصل اول ذُعر مصرفي و اول سلسلة متلاحقة من الفشل المصرفي في اواخر 1930 مع اقفال 10000 مؤسسة بحلول عام 1932 - 40% من العدد الاجمالي في 1929. زادت البطالة ببطء اكثر، مع ارتفاع الارقام الحكومية الى8.7% في عام 1930، 16% في عام 1931، و 25% من القوة العاملة في عام 1933. بدأ انتشار اليأس الجماهيري الشبه جماعي، و تجلّى هذا في الإفتراض بأن الاقتصاد - واميريكا الرأسمالية نفسها - لن تتعافى ابداً.

دخلنا في منتصف السبعينات جزءاً تنازلياً لمنحنى التطور الرأسمالي. و ما زلنا نعيش في تلك الفترة حتى اليوم. قدم لنا لينين و تروتسكي الوسائل السياسية الضرورية لتحليل

الاتجاهات الاقتصادية الطويلة الأجل في تاريخ الرأسمالية و نتائجها لإستراتيجية الشيوعية و لبناء حزب. من اهمها كانت تقاريرهم و كتاباتهم التي قُدمت في وقت المؤتمر الثالث و المؤتمر الرابع للأممية الشيوعية في عامي 1921-1922.[29] لخّص تروتسكي هذه الإستنتاجات في رسالة قصيرة في عام 1923، و التي نشرت في مجلة "الاممية الجديدة" تحت عنوان "منحنى التطور الرأسمالي".[30]

على عكس دورات الركود و الانتعاش للاقتصاد الرأسمالي مع انماطها المتكررة و الممكن تخطيطها، قال تروتسكي انه لا يوجد "ايقاع جامد و قانوني" طويل الاجل لتطور الرأسمالية العالمية. في رسالته عام 1923 قارن تروتسكي بين استنتاجاته واستنتاجات الجامعي السوفياتي نيكولاي كوندرتيف. متظاهراً بإستنباط الشيء الذي لا يمكن استنباطه - الجدلية المادية للتاريخ الحديث - برجز كوندرتيف اعمال لينين و تروتسكي التي قُدمت في المؤتمرين الثالث و الرابع للكومنترن. ناقش انه

---

29. بالامكان ان نجد هذه التقارير في مجلدي كتابات ليون تروتسكي بعنوان: السنوات الخمس الاولى للأممية الشيوعية
The First Five Years of the Communist International (New York: Pathfinder, 1972).

وفي لينين،
Collected Works, vols. 32 and 33.

30. تروتسكي، "الرسم البياني للنمو الرأسمالي"، نُشر في مجلة "الأممية الجديدة" باللغة الانكليزية، رقم 10 (نيويورك، 1994)، ص. 209-10.
"The Curve of Capitalist Development," in *New International* no. 10 (New York, 1994), pp. 246–47 [2009 printing].

بالاضافة الى الدورات التجارية القصيرة و تغير المخزونات، وجدت دورات منتظمة تقريباً كل 50 عاماً من الممكن تحديدها عبر تاريخ الرأسمالية على الأقل منذ بداية الثورة الصناعية في النصف الاخير من القرن الثامن عشر.

قال تروتسكي ان المخطط التجريبي لكوندرتيف كان مخططاً دقيقاً تقريباً للاتجاهات التي وقعت في التطور الرأسمالي خلال القرن و النصف الماضيين. و لكن مع مراقبة دقيقة لنقاط التحوّل و لمدّة و شدّة انحدار الاجزاء المختلفة صعوداً و هبوطاً و المسطحة - كان واضحاً ان هذه تتطابق مع احداث رئيسية في السياسة و النضال الطبقي و ليس فقط مع عناصر اقتصادية كما يُفهم عادةً. لم يوجد اي شيء "اوتوماتيكي" او "دوري" في ارتفاع هذا المنحنى الاطول، كما يوجد في وقت معيّن من تدمير القيمة و تخفيض المخزونات خلال ركودٍ رأسمالي.

"و فيما يتعلق بالاجزاء الكبيرة في تطور منحنى الرأسمالية" كتب تروتسكي "لا تحدد خاصياتها و مدتها في التفاعل الداخلي للقوى الرأسمالية و لكن من خلال الظروف الخارجية التي يجري فيها التطور الرأسمالي: اكتساب دول و قارات جديدة او اكتشاف موارد طبيعية جديدة من قبل الرأسمالية. وعلى اثر هذه، فإن عوامل مهمة - فوق النظام الهيكلي - كالحروب و الثورات، تحدد خاصيّة واستبدال العهود الصاعدة او الراكدة او الهابطة في التطور الرأسمالي".[31]

---

31. المصدر نفسه، ص. 247.

استعمل كوندرتيف استعارة مفيدة في وصف هذا المنحنى الطويل الاجل. الذي لم يكن يفهم خاصيته وديناميكيته. كان هو وهؤلاء الذين اكتشفوه من جديد والذين يبسّطون افكاره اليوم. يتكلمون عن بداية الانتعاش البطيئة كـ"ربيع". وعن ارتفاع الاجزاء بحدة كـ"صيف"، والافتتاح الكاسد لجزء تنازلي كـ"خريف". و الجزء التنازلي بحدّة كـ"شتاء". كنا في خريف منذ منتصف السبعينات. و الآن قد بدأ شتاء طويل و نادر للرأسمالية. ومع انعدام ايّ حدّ ظاهري لانتفاخ كل انواع البالونات من قبل المصرف الفدرالي و وزارة الاقتصاد. والآن مع تسارع الحملة المتلازمة نحو الحرب من قبل الامبريالية. سيكون شتاءً حاراً و طويلاً. والاهم من ذلك، انه ببطء ولكن بثبات و بشكل انفجاري. سيكون هذا الذي يلد افقاً معمقاً بالمقاومة لم ير المناضلين اصحاب الفكر الثوري له مثيلاً في جميع انحاء العالم اليوم.

خلال الخمسة و عشرون عام من خريف الرأسمالية العالمية، استمرت تذبذبات الدورة الاقتصادية، شاملة ارتفاعين طويلين للرأسمالية: استمر واحد منهم لفترة ثمانية سنوات بعد 1982 تقريباً في كل البلاد الامبريالية ما عدا نيوزيلندة. واستمرت مدة الثاني تقريباً لعقدٍ بين 1991-2001، وكانت اطول زيادة دورية في تاريخ الولايات المتحدة. مع نمو ثابت نسبياً طوال تلك الفترة في معظم البلاد الامبريالية الاخرى و باستثناء مهم - اليابان. ولكن الارتفاعان اقتصرا على اغلبية البلاد الامبريالية و اقلية من البلاد الشبه استعمارية و النامية نسبيا. كان محركهما تضخّم كثيف للديون و للقيمات

الورقية. مضيفين القليل للطاقة المنتجة بالمقارنة مع التوسع الاقتصادي في الولايات المتحدة و لاحقاً في اوروبا و اليابان الذي حصل ما بعد الحرب العالمية الثانية. في سعيهم لرفع حدود ارباحهم. المزيد والمزيد من اصحاب العمل اصبحوا غير قادرين على الاعتماد على اي شيء آخر سوى الضغط لخفض الاجور و الاعانات. وتمديد ساعات العمل و تكثيف الانتاج في العمل. ان السر في نمو الانتاجية الذي يبالغ و يتفاخر غرينسبان (GREENSPAN) به. هو تمديد العمل و تسريع الانتاج لطمأنة الطبقة الرأسمالية بأن ما يحدث هو اكثر من مجرد مزيد من الانتفاخ للدين الحكومي و نظيره الخاص في اوراق الشركات و الرهون العقارية و بطاقات الإئتمان المصرفي. ولكن حسب ارقام حكومة الولايات المتحدة نفسها. شاملةً المصرف الفدرالي. لا زيادة الانتاج الاقتصادي ولا انتاجية العمل خلال الارتفاعين الاخيرين اقتربت من المعدلات المسجلة من اواخر الاربعينات حتى بداية السبعينات.

و في نفس الوقت. من الجدير تكرار ما ذكّرنا به خلال المناقشة مندوب من واشنطن. سام مانويل. ليس كافياً ان ننظر الى الاحصاءات الحكومية فقط. او حتى كيف يصبح القطاع الاوسط للطبقة العاملة لسنوات قليلة. من الضروري ان نراقب الصفائح المختلفة من الطبقة العاملة. والنتائج الاجتماعية المتباينة خلال فترات الازدهار كتلك. خلال ربع القرن الماضي. لم يزداد تباين الاجور في الطبقة العاملة فقط. ولكن فوق هذا توسّعت انفجارياً الفجوة بين الدخل لكل العمال وجزء من الطبقة الوسطى الاكثر غنى و الطبقات المهنية.

دون ان نذكر اغنى العائلات ذوات الملكية (التي لا يُحصى دخلها السنوي، الضخم الى حدّ لا يُصدق، ناهيك عن ثروتهم المتراكمة في احصاءات الحكومة). الاجور الحقيقية، و التقاعد و الاعانات الصحية، وقيمة و مدة اعانة البطالة، و التوافر و القيمة الحقيقية لمعاش العجز و المرض، و القدرة على تحمّل اسعار السكن و الغذاء و التعليم في الجامعة - كل هذه انخفضت بحدة لمعظم العمال و المزارعين. اذا ارتفعت الاجور الصافية لجزء من العاملين لعدة سنوات في اواخر التسعينات، فحتى هذا الارتياح قد انعكس اليوم لمرّة اخرى.[32]

ما دام الاقتصاد الرأسمالي يتوسع، و ما دام معدل الفائدة مستقراً او متناقصاً، وما دام بقاء الدولار قوياً بالنسبة الى العملات الامبريالية المنافسة لواشنطن، سيبقى هذا البيت المثقل بالديون الكرتوني الشكل قائماً - و قائماً اعلى (بالدولار!). لكن عندما يبدأ كل هذا بالتغيير، كما بدأ اواخر عام 2000، يصبح هذا المبنى بكامله اكثر فاكثر غير مستقر. تظهر مرة اخرى و بوضوح ملاحظة ماركس بأن "رأس المال الذي يستغل الفوائد هو دائماً مصدر كل نوع من الرأسمال الجنوني".[33] لا نقدر نحن و لا اي شخص اخر ان نتنبّأ متى ستنكمش

---

32. في أواخر 2003، وبحسب المصرف الاستثماري لوال ستريت غولدمان ساخس، هبطت نسبة نمو المعدل السنوي لسعر ساعة العمل في الولايات المتحدة الى "اقل مستوى مسجل حتى الآن". وخلال منتصف 2004، هبطت الرواتب الاسبوعية الحقيقية.

33. ماركس،

Marx, *Capital*, vol. 3, p. 596.

هذه البالونات الهائلة من اسعار الاسهم، ديون المستهلكين، الاسعار العقارية. و "القيمة" النسبية للدولار. لكن بما ان الجميع يتوقع مجيء هذا. يبدو من الطبيعي ان نقول: "من المؤكد ان الرأسماليون سيفعلون شيئاً لوقفه!"

ولكن قانون القيمة لا يعمل بهذه الطريقة. لا يعمل نظام الاسواق. المتحرك بدافع المنافسة الرأسمالية. هكذا. وفي عهد الامبريالية. تعمل هذه المنافسة بين رأس المال الاكبر و الاكبر و بعنف اكثر و اكثر و تعمل المضاربة باستثمار الاستفادة اكثر و اكثر. اجّل رأس المال المالي الازمة و ادار تكرار و تقلّب تأرجحات الدورة التجارية منذ منتصف السبعينات. ولكن استطاع ان يفعل ذلك فقط على حساب تضخيم بالونات الدين اكثر واكثر بزيادة انواعها فيما هي تحطّ من القوة الشرائية للعملة. وهكذا يصبح الانفجار النهائي للفقاعة اكثر تدميراً للاستقرار و للثقة بالنفس و للتحالفات الامبريالية.

تهتز الطبقات الوسطى اولاً

يميز العمال اصحاب الوعي الطبقي ان التاريخ يعلم ان الصدمة الاكثر مباشرة لأزمة مالية رأسمالية في بداية فترة احباط اقتصادي ممكن ان تصيب الطبقات الوسطى. في البداية اكثر من الطبقة العاملة.

استغرق وقت طويل في الولايات المتحدة لتطوير ما سماه ماركس و انجلز "البروليتاريا الموروثة". طبقة حيث الاغلبية الكبيرة من اعضائها يبقون. بروليتاريين غير متملكين. من جيل

الى آخر. من دون ارض. من دون ادوات. ومن دون رأس مال. اولئك منا الذين يبقون احياء فقط عن طريق بيع قدرتنا لاستعمال عضلاتنا و عقلنا مقابل أجر، هم قدرتنا العاملة. تابع ماركس و انجلز هذا التطور بانتباه خلال النصف الثاني للقرن التاسع عشر و كتبوا عنه بشمول. وأشاروا الى انه لن تظهر طبقة عاملة وراثية في الولايات المتحدة قبل ان تُلغى العبودية الملكية و قبل ان تُستنفذ كل الاراضي الحرة خلال توسّع رأسمالية الولايات المتحدة نحو الغرب. والى حين وجود تلك البروليتاريا الموروثة فإن الامكانيات محدودة لتنظيم مقاومة الطبقة العاملة ضد البرجوازية الصناعية الناهضة او لتنظيم حزب طبقي جماهيري يستطيع ان يتحدث و يتصرف بشكل حاسم لمصلحة العمال و المنتجين الآخرين المستغلين و لاخوة و اخوات معرّضين لاي نوع من العبودية.

ما اصبح الولايات المتحدة بقي، لجزء كبير من القرن التاسع عشر، مساحة شاسعة من الارض غير نامية الى حد كبير، ممتدة من المحيط الاطلسي الى المحيط الهادىء. نفذت حكومة الولايات المتحدة عمليات نقل جماعي ووحشي للسكان الاصليين الامريكيين و اعتداءات ابادية ضد هذا الشعب، بالنيابة عن مالكي الاراضي الاثرياء، والتجار، و مقاولي القنوات، ولاحقاً مصالح السكك الحديدية و المناجم.

ولكن الشعب العامل هاجر ايضاً باعداد متزايدة. عندما اصبحت شروط الحياة شاقةً في المدن الشرقية، استطاع العمال ان يعملوا بمقولة "ارحل الى الغرب يا شاب" لحياة جديدة. هرب العمال من الورشات و المصانع ليصبحوا

مزارعين فقراء. في اعقاب الحرب الاهلية في الولايات المتحدة، انتهز مئات الالوف من العمال قانون المسكن (HOMESTEAD ACT) ليأخذوا قطعة صغيرة من الارض. حتى الآن الحلم قائم عند كثير من العمال الاميركيين بأنه من الممكن ادخار القليل من المال و البدء بأعمال خاصة بهم. بل اكثر من ذلك، يحلمون بأن يفعلوا شيئاً ليرتفع اولادهم الى الطبقة الوسطى. لكن منذ زمن طويل اصبحت الحقيقة بالنسبة للاغلبية العظمى من العمال حالة بروليتارية موروثة.

لا يجمع العمال ثروة صافية خلال حياتهم. كثيراً ما نسمع "الواقع" ان اكثرية الاميركيين هم من مالكي الاسهم. ولكن تخفي تلك التأكيدات الحقيقة الطبقية القاسية ان عدداً متزايداً من الشركات تتخلص من صناديق التقاعد الممولة من اصحاب العمل - والتي هي ليست مضمونة مثلما يكتشف الآن ملايين من العمال - ويستبدل اصحاب العمل هذه الصناديق بمشاريع تقاعد مدفوعة من قبل المستخدمين معتمدة بشكل كامل على الحظوظ في اسواق البورصة والسندات و صناديق الاستثمار (MUTUAL FUNDS). برغم انه لا يوجد اي سيطرة من قبل العمال على هذه المشاريع، فواقع اننا ربما "نملك" الـ401K (التقاعد الشخصي) يُفترض ان يجعلنا من اللاعبين في البورصة. في الواقع، هذه المشاريع تجعلنا من ضحايا البورصة. الحقيقة هي ان افراد في مجرد ثلث العائلات في الولايات المتحدة يملكون حتى سهم واحد، من غير اسهم خطة التقاعد، وقد انخفض هذا العدد، ولم يتزايد، خلال النصف الاخير من العقد. حوالي 85% من قيمة الاسهم في

الولايات المتحدة هي في يد الـ 10% الذين يملكون اعلى فئة دخل. تتركز ملكية سندات الخزينة والشركات في ايدي الاسر المالكة الحاكمة والمهنيين الذين يتقادون اجر عالية. الذين يوظفون معظم اموالهم في سندات الخزينة و سندات الشركات بدلاً من البورصة. تعتبر الاسر الحاكمة في الامبراطورية الاخيرة ان ملكية جزء من الارباح على عبودية الدين هي حقهم الموروث الطفيلي.

مهما يوفر العمال بصعوبة خلال حياتهم حتى خريف العمر. ومن ضمن ذلك الرهون المنزلية. يعادل الدين المتزايد والانفاق المدمر بسبب تقدم العمر. لذا عندما تهبط سوق الاسهم والسندات. يشعر معظم العمال بقليل من التأثير المباشر على مستوى معيشتهم.

هذا ليس الواقع للملايين من الطبقة الوسطى في البداية. ما دامت الازمة الرأسمالية تظهر في مجال المصارف و التمويل بشكل حاد اكثر من مجالات الانتاج والعمل. لن تكون الطبقة العاملة اول من يتطرّف اجابةً لهذه التطورات. بل ستكون الاعداد المتزايدة من العائلات التي هربت من الواقع البروليتاري خلال الجيل الاخير تقريباً - واملت الى الابد - فقط لترى اوهامها بالأمن والاستقرار تبدأ بالتحطم.

في السنوات القليلة من بدء الالفية يشعر الكثيرون في الطبقات الوسطى بأنهم يتآكلون قليلا قليلا حتى الموت دون ان يلوح في الافق اي ارتياح. عندما بدأت البورصة بالانخفاض في عام 2000. "نُصحوا" بالتروي الى ان يرتدّ السوق مثلما حصل عام 1987 و مرة اخرى في عام 1991. فعل

معظمهم ذلك، وشاهدوا حصة اساسية من ممتلكاتهم تذوب حتى اتّضح لهم ان لا احد يعرف كم ستستغرق هذه الاسهم لتستعيد قيمتها السابقة، وما اذا كانوا سيكونون او ورثائهم قادرين على سداد ديونهم حينها، او حتى ان كانوا سيكونون احياء! وبالتالي ماذا سيفعلون الآن؟ ايبيعون بخسائر فادحة او ينتظرون ليوم اكثر اشراقاً؟ وتهبط السوق. وتنشط بعد ركود لايام قليلة، لاسابيع قليلة، او اشهر، او لعام. امل! هذا الامل الذي هو اكثر من مجرد جشع، ينشأ من جديد محركاً باليأس والخوف المتحوّل. تشتري الخراف عندما يرتفع السوق و تُجَزّ بدون رحمة عندما يسقط الى حدّ ابعد. كل ارتفاع جديد يكون اقلٍ من الارتفاع السابق، وكل انخفاض جديد يكون اكثر انخفاضاً من السابق. ولكن مع ذلك الطريق طويل جداً لسنوات وسنوات نزولاً الى "القعر".

ان الخوف واضح عند اعداد متزايدة من الطبقة الوسطى و عند اجزاء من الطبقة العاملة الاوفر حظاً، والذين اقتنعوا بخرافة انهم اصبحوا جزءاً من الطبقة الوسطى، تحسّباً لاي سقوط اضافي. في غياب اي صوت مستقل للطبقة العاملة التي تستطيع ان تستقطب و تجذب اقساماً من البرجوازية الصغيرة الى جانبها، هؤلاء الاكثر ذعراً مما يحصل، سيصبحون اكثر انفتاحاً على تطرّف و عنف النداءات اليمينية. ستربح الدعاية التي تشجع نظريات المؤامرة جمهوراً اوسع. ستتكاثر العقائد غير المستقرة التي تبشّر عكس الحقائق الطبقية التي شرحها لينين في كتابه "الامبريالية". ستنتشر النظريات المفترضة شعبياً، وستحاول ان تميّز بين الطبقات "المنتجة"

العاملة الملتزمة و "المرابين" و "المضاربين" (المصطلحات الاكثر بساطة و هدوءاً والتي ستستبدل بـ"اليهود"). وستظهر هذه المعالجات غالباً في خطاب ضد الامبريالية، ضد الحرب وحتى ضد الرأسمالية. في احوال كثيرة سنلتقي بصدى هذه الافكار بين مزارعين يناضلون ضد المصادرات وايضاً بين زملاء العمل واصدقائهم واسرهم - الناس العاملين الذين لا يملكون اي تفسير لما بدأ يحدث لهم ومن حولهم. يشاهدون انهياره بكل بساطة كفيلم سينمائي بطيء الحركة.

يجب على العمال الشيوعيين ان يكونوا جاهزين سياسياً ليجابهوا الغوغائية اليمينية المتطرفة و القوات الفاشية الابتدائية. سنشرح للكادحين: كلا! لا يجب ان توجد مؤامرة. لاكثر من قرن، قد صهر رأس المال المصرفي الاحتكاري و الصناعي و التجاري في الولايات المتحدة و الدول الامبريالية الاخرى تحت ملكية و سيطرة كتلة صغيرة من العائلات المتملّكة والحاكمة الطفيلية. عائلات رأس المال المالي. ليست سراً اسماء العائلات الاميركية الحاكمة. فهم الذين يملكون هذه الاحتكارات: المصارف، شركات التأمين، الشركات الصناعية، شركات التوزيع بالجملة والمفرق، اتحادات احتكارية عقارية، اكبر الجرائد و المجلات و محطات الاذاعة و التلفزيون و شركات التسلية. هم الذين يملكون السندات. هم الذين يسيطرون على البورصة، على اسواق البضاعة، وعلى كل نوع من الديون تحت الشمس. يملكون الامتيازات الرياضية و المهنية، ويمولون دور الاوبرا، واكبر المتاحف. المكاتب و المؤسسات و الجمعيات الفكرية من كل نوع ونهج. يمولون و يسيطرون على

الحزبين الديمقراطي و الجمهوري. يديرون الحكومة الرأسمالية على المستوى الفيدرالي، الولاية، والمحلي. ان المحاكم و الشرطة و القوات المسلحة تحميهم و تحت خدمتهم. نقدر ان نسمّي النوادي التي ينتمون اليها، الهيئات التي يخدمون فيها، الجامعات التي يحضرونها و يمولونها، والمدارس التي يذهب اولادهم اليها. المهمة هي ان تقود طليعة الطبقة العاملة لإسقاط الحكام و للحصول على حكومة العمال و المزارعين وبذلك يتأسس التضامن في قلب المجتمع.

برنامج شيوعي

فيما تتعمق الازمة الرأسمالية، يقود تراجع في الانتاج الى تزايد البطالة و هبوط في مستوى الاجور و مزيد من الظروف الوحشية في العمل وانفجارات مدمرة من التضخم المالي فيما يُصدر الرأسماليون النقد الورقي لتحريك محركاتهم من جديد.

سيصبح عمال الطليعة اكثر تقبّلاً لبرنامج شيوعي. عندما يقومون بالمزيد من النضالات المكثفة. سيبحثون عن سبل للقتال على نحو فعّال و الفوز. ستلفت انتباههم الافكار التي فسّرت من قبل زملائهم المناضلين الشيوعيين عن كيفية تعزيز التضامن و قدرة الصراع للطبقة العاملة و حلفائنا وفوق كل شيء نقاباتنا. سنكسب فرصة واسعة لوجهة النظر التي تبرر ضرورة تحويل الضمان الاجتماعي الى ضمان صحي شامل، وضرورة التربية الشاملة المستمرة لمدى الحياة، والتعويض

الشامل للعمال. والتقاعد الشامل و الضامن. نشرح ان هذه ليست إعانات مقدّمة للطبقة العاملة من قبل اصحاب العمل و حكومتهم. من الضرورة ان تُستخدم الثروة الجديدة التي تنتجها اليد العاملة لضمان شروط الحياة المنتجة للطبقات العاملة - لمدى الحياة. سنكتشف النجاح المتزايد في جهودنا للتصدي لمحاولات طبقة اصحاب العمل لجعل اجيال الطبقة العاملة تتصارع فيما بينها. او للتقسيم والانتصار على اساس الوضع الوظيفي. لون الجلد. الجنس. اللغة. شرعية الاقامة او الاصل القومي.

يفهم الكثير من الشعب العامل برنامجنا عندما نشرحه. ولكن لا يظهر كأنه ناشئ عن مشاركتهم في نضال هو محور حياتهم. لم يظهر كعمل عاجل او عملي ولن يكون. طالما تستمرّ اوهام الاستقرار الطويل الامد للنظام الرأسمالي. او الشيء الاهم. عندما يستمر العجز السياسي والخضوع الدائم للكادحين في العالم. اي نحن. يرى الكثير منهم برنامجنا كمجرد مجموعة افكار. او حتى كعرض مثاليّ. وليس خط مسيرة. من خلال الصراع الطبقي. نحو صراع منظم لديكتاتورية البروليتاريا. لم يكتسبوا من خلال صراعهم السياسي الخبرة الكافية تحت قيادة بروليتارية ليطوروا الثقة في انفسهم وفي قدرة طبقتهم لتنظيم و ادارة الاقتصاد وادارة الدولة.

سمعنا الشيء نفسه لسنوات عديدة من العديد من زملائنا ومن اعضاء العائلة: "سيُعتنى بي من قبل ادارة المحاربين القدماء." "لدي معاش تقاعدي من السكة الحديدية وهو مثبّت

من قبل ادارة فيدرالية." "انا هنا منذ عشرين عاماً. هذا عملي حتى التقاعد." خلال العقد الاخير تقريباً، اتّحدت هذه الاقوال (المأثورة) المتكررة ب: "لا استطيع ان اعيش من تقاعد الضمان الاجتماعي و تقاعد الشركة. لكن الآن اجبرنا الشركة ان تنظّم (توظف مالاً) في الـ401K و انا ادّخر مبلغاً صغيراً من المال كل شهر." كل هذه الخرافات المريحة و المؤقتة هي مشجعة من قبل قيادة و موظفي النقابات المتعاونين مع العدو الطبقي الذين هم من البرجوازية الصغيرة و الذين يملكون القيم والطموحات البرجوازية و في النهاية انانية قطّاع الطرق.

حاليا، لا يُمدد للطبقة العاملة اسبوع العمل و سنة العمل فقط (تتضاءل العطل المدفوعة و الاعياد لملايين العمال) بل حياة العمل كلها.[34] بدأت خلال السنوات الخمسة عشر الماضية زيادة عدد السنوات التي يقضيها العامل المتوسط في قوة العمل في الولايات المتحدة. والتي كانت تتضاءل حتى منتصف ال 1980.[35] في العام 2003، العمر الرسمي للتقاعد،

34. كان معدل سنة العمل في الولايات المتحدة اطول في 2003 من منتصف قرن سبق. معدل العمل الاسبوعي في المناجم والمصانع هو فوق الأربعين ساعة، وارتفع بشكل حاد معدل الساعات وساعات العمل الاضافية منذ 1955. عمال الصناعة الذين يعملون ساعات اضافية يصل معدل عملهم الاسبوعي الى اكثر من خمسين ساعة - تقريباً ستون ساعة لعمال المناجم. بحسب الارقام لحكومة الولايات المتحدة. قفزت نسبة العمال الذين لا يحصلون على اجازة مدفوعة من 3 بالمئة في بداية 1990 الى 13 بالمئة في 2003 في اماكن العمل المتوسطة والكبيرة (اكثر من 100 أجير). ومن 12 بالمئة الى 27 بالمئة في اماكن العمل الصغيرة.

35. بحسب المكتب الاحصاء للعمل في الولايات المتحدة. ارتفعت النسبة

للحصول على التعويض الكامل من قبل الضمان الاجتماعي، سيزداد تدريجيا من سن 65 الى 67. وهذه فقط البداية، فيما سيضغط الحكام بهجومهم ضد الاجور الاجتماعية في السنوات المقبلة. وهذا ليس له علاقة بتأمين التربية و العمل الاجتماعي المنتج لمدى الحياة لكل انسان، كما نناقش في كتاب "الطبقة العاملة و تحويل التعلّم". بدلاً من ذلك، له علاقة بحياة استغلالية اطول لتضخيم ارباح اسياد العمل. ومعها تزيد الاصابات و الوفيات في اماكن العمل. وهذا سيحصل حتى بدون إسراع في الانتاج. وكما يعرف و يشعر الكل هنا، يوجد اسراع وحشي في الانتاج.

قدمنا اجزاء اساسية من برنامجنا العام الماضي بوسيلة رائجة في كتاب "كوبا و الثورة الاميركية القادمة". يمكن ان نستعمل هذا الكتاب بطريقة فعّالة عندما نتكلم عن الاشتراكية مع الشباب و العمال. بعض من اوضح و اشمل عروض برنامجنا موجودة في الوثائق الرائدة. عندما التف الحزب حول الصناعة في اواخر السبعينات و بداية الثمانينات، الموجودة في كتاب "السياسة المتغيرة في الولايات المتحدة" وفي "الوضع الدولي غير المنظم للرأسمالية". مثلاً في تقرير شباط / فبراير 1978 المعروف باسم "في قيادة الحزب نحو

المئوية للعمال بين اعمار 65 و74 الذين لا يزالون في سوق العمل من 16,7 بالمئة في 1990 الى 19,1 في عام 2000. ويتوقع ان تصل الى 22,1 عام 2010. نسبة الرجال في قوة العمل ضمن هذه الفئة العمرية نمت من 21,4 بالمئة في 1990 الى 24,4 بالمئة عام 2000، ويتوقع ان تصل النسبة الى 27,7 بالمئة في 2010.

الصناعة" الذي اطلق الالتفات - شرحنا الى اي مدى ذهبت طبقة اصحاب العمل، بمساعدة البيروقراطية النقابية، مروراً بالجزء الصاعد الطويل في منحنى تطور رأس المال في "صيف" ما بعد الحرب العالمية الثانية، نحو تدمير اسس تضامن الطبقة العاملة.

قال تقرير 1978 ان "الفوائد الاضافية - المعاشات التقاعدية، التأمين الطبي، الفوائد الاضافية للبطالة - اصبحت كلها مشروطة بالربح المستمر لرب عملك. نرى هذا ينمو في صناعات كالفحم، الفولاذ، و السيارات. ليست هذه الفوائد ربحاً لكل الطبقة، او حتى قسم منها."

يُكمل التقرير: "في الاوقات الجيدة تكون هذه الفوائد الاضافية شيئاً "جيداً" للعمال الذين يملكونها لانها اضافة جوهرية لكل شيء يمكن ان يتكل عليه العامل الصناعي. ولكن عندما يبدأ الضغط، كل هذا يبدأ بالانهيار. يُهدد صندوق تقاعدك. يتفكك تأمينك الصحي. تنفذ الفوائد الاضافية للبطالة..."

"هذه هي نتيجة العمل النقابي التجاري. هذا الثمن الذي دُفع لسياسة التعاون الطبقي، لرفض نضالٍ للحاجات الحقيقية للطبقة - الضمان الاجتماعي للطبقةً، التأمين الطبي الوطني، لتأمين حقيقي و كاف ضد البطالة، لاسبوع عمل اقصر بدون خفض في الاجور، للحماية ضد تضخم الاسعار، ولعمل سياسي مستقل للطبقة العاملة. هذا الثمن الذي دُفع لبيروقراطيةٍ تقول ان النضالات الاجتماعية و السياسية المستقلة هي امور ثانوية و التي تقول ان وعود

اصحاب العمل الموجودة في العقد هي الحاسمة."

"هذا هو الثمن المدفوع لرفض البيروقراطية ان تقود الحركة النقابية للنضال للحاجات الاجتماعية الواسعة للطبقة العاملة و لبناء وسيلة سياسية للنضال لهم." [36]

تعلّم التكلم بشكل ملموس

عندما نتكلم عن حالة الازمة الاقتصادية التي ندخلها، فإن كلمة - الازمة - نفسها ممكن ان تصبح تعبيراً تجريدياً فارغاً، اذا لم ننتبه و اذا لم نكن متماسكين. حذّر تروتسكي من هذه المخاطر في رسالته، في عام 1923، عن منحنى تطور الرأسمالية الذي ذكرناه سابقاً. قال تروتسكي انه خلال مرحلة طويلة من الاستقرار الرأسمالي، من الطبيعي ان نختصر مظاهر سياسية متعددة و اتجاهات اقتصادية "الى طراز اجتماعي مألوف". لان فِعل ذلك يجعل الاتصال و العمل ممكناً. "ولكن عندما يحدث تغير خطير في الوضع" قال تروتسكي "تُظهر هذه التفسيرات العامة عدم ملائمتها كلياً و تصبح حقائق بديهية فارغة." [37]

---

36. بارنز.
Barnes, *The Changing Face of U.S. Politics: Working Class Politics and the Trade Unions* (New York: Pathfinder, 2002), pp. 167–68 [2008 printing].

37. تروتسكي
Trotsky, "The Curve of Capitalist Development," in *New International* no. 10 (New York, 1994), p. 243.

اذا عدتم والقيتم نظرة على سلسلة التيمسترز [نقابة سائقي الشاحنات]. ستلاحظون ان فاريل [دوبز] تكلم دائماً عن مراحل متميزة و ملموسة خلال الازمة الاقتصادية و عن نتائجها السياسية. وليس عن "ازمة الكساد الكبرى" عموماً. يصف فاريل السنوات الاربعة التي تلت 1929. عندما انخفض الانتاج بمقدار الثلث و زادت البطالة الى 25%. يقول "في البداية قبل العمال هذه الضربات بطريقة سلبية تقريباً. كانوا قد صُعقوا من الهزيمة الاقتصادية و استغرق الامر وقتاً للتعافي من اثر الصدمة."[38]

ثم يلفت فاريل النظر الى ما بدأ يحدث في الطبقة العاملة و الحركة العمالية خلال سنة 1933. عندما بدأ ارتفاع الانتاج لمدة اربع سنوات. مستعيداً اكثر من ثلث قيمته. وانخفضت البطالة بمقدار النصف تقريباً الى 14%. يقول فاريل ان خلال ذلك العام "انتشرت اضرابات هنا و هناك في الصناعة" واستمرت طوال عام 1934 - عندما اندلعت صراعات عمالية من نوع جديد في مينيابوليس. سان فرانسيسكو وتوليدو - واستمرت خلال الاضرابات الملازمة و خلال معارك اخرى من عام 1935-1937 في صناعة السيارات. و الحديد و غيرها. هذه الاضرابات و الحملات التنظيمية بنت الـ CIO [مؤتمر المنظمات الصناعية]. يكتب فاريل ان "هذه الاضرابات كانت نتيجة التفاعل بين عاملين اساسيين: تصميم العمال

---

38. فاريل دوبس
Farrell Dobbs, *Teamster Politics* (New York: Pathfinder, 1975), p. 64 [2009 printing].

على استرداد المواقع التي خسروها خلال الكساد الاقتصادي و ثقتهم الناهضة - التي حفّزها الانتعاش الاقتصادي خلال "العلاج الجديد (NEW DEAL)" - بأنهم يستطيعون الحصول على اهدافهم.

يتكلم فاريل اخيراً عن تأثير تجدد الفتور الرأسمالي خلال 1937-1938، بما في ذلك تباطوء معارك الـCIO و بدء تعجيل حكومة الديمقراطيين مسيرتهم نحو الحرب الامبريالية العالمية الثانية. يكتب فاريل "عندما بدأ سقوط الاقتصاد الوطني، مرة اخرى في منتصف سنة 1937، قام اصحاب العمل باستخدام الوضع المتغير كأساس لهجوم على النقابات العمالية... شعر اصحاب العمل بجرأة في مسارهم لتنفيذ خطواتهم لأن الفتور الاقتصادي ادّى الى بلادة اعضاء النقابات في نضالهم"[39] و خلال هذه الفترة تراجعت القوة الدافعة السياسية الحقيقية للتقدم نحو حزب عمالي مستقل - والتي كانت قد كسبت تابعين لهذه النظرية من بين طليعة العمال الذين كانوا متورّطين في معارك لبناء الحركة النقابية الصناعية. بدلاً من ذلك كسبت القيادة الستالينية المضللة للحزب الشيوعي تابعين بتزايد من بين العمال لمسار جبهتهم الشعبية، لربط الحركة العمالية بإحكام مع الحزب الديموقراطي، و خط الاغلبية الكبرى من زعماء الـCIO و عدد كبير من زعماء الـAFL [الفيدراليةالعمالية الاميركية].

لن نرى تطورات ثورية في اي مكان في العالم اذا تحرك

39. المصدر نفسه، ص. 163.

النشاط الاقتصادي، و الحياة السياسية و الصراع الطبقي جميعاً في خط مستقيم. اذا واصل الانتاج انخفاضه خلال ازمة اقتصادية، فإن الطبقة العاملة قد تصبح مدمّرة الى حد ان ينهار النضال الطبقي الفعّال ناهيك عن النضال الثوري. ان الصعود و النزول الحاد، العنف المتزايد في التقلبات، الوعود والتوقعات المحبطة التي تحّول وعي العمال. و هذا ما يسمح للتصميم على النضال بأن يزيد عند الكثيرين. وهذا الذي يؤدي بالكثير من الآخرين الى النظر الى هؤلاء المناضلين، حتى او الا اذا ظهر ان اقوالهم لا تطابق افعالهم.

رفقاؤنا الكوبيون الخمسة

يجب على هذا المؤتمر ان لا ينتهي من غير ان نذكّر انفسنا ان لدى حركتنا واجبات جديدة للعمل السياسي مع الكوبيين الخمسة الموجودين في السجون الفدرالية في مختلف انحاء الولايات المتحدة. هؤلاء الرفاق ينظرون، طبعاً، نحو كوبا للخطوط الاستراتيجية الاساسية لعملهم ولنظرتهم الشاملة، كما ينبغي. و لكنهم الآن متورطون، ولا نعرف الى متى، في ميدان النضال الطبقي حيث لا تملك قيادة الثورة الكوبية خبرة مباشرة او غير مباشرة، اي داخل الولايات المتحدة نفسها. ورغم ان تورطهم في هذه الجبهة هو غير طوعي، فبينما انتشارهم مستمر، هم مصممون على تعميق فهمهم العلمي للنضال الطبقي هنا و على تنفيذ مسار عمل انضباطي. ونحن نرحّب بهم كفرقة تعزيز للحركة الثورية

العالمية في هذا البلد.

يواجه الرفقاء الخمسة في نظام سجون الولايات المتحدة، المجرّد من الانسانية، الطرق التي تستخدمها الافكار اليمينية او الفاشية لتكسب موطئاً بين اجزاء من الكادحين في الولايات المتحدة.[40] في الواقع، يتعلم الكوبيون الخمسة انه ليس من الدقيق ان يقال بأنّه بسبب التقاليد الديموقراطية في هذا البلد من غير الممكن ان تصبح اعداد كبيرة (من السكان) اعضاء في حركة فاشية. و ينبغي ان نتذكر دائماً ان هذه التقاليد هي تقاليد ديموقراطية بورجوازية. و ستتمزّق كقطع صغيرة من الورق اذا فشلت الطبقة العاملة في هذا البلد في صياغة قيادة قادرة على تنظيم العمال و المزارعين و حلفاؤنا في ثورة ناجحة عندما يتسارع الصراع الطبقي بشكل حاد و يُطرح سؤال اي طبقة ستحكم.

لا يكتفي رفقاؤنا الكوبيون بالمراقبة فقط، ولكن يتعلمون ايضاً عملياً مكانة و ثقل العمال السود في تصويغ طليعة اجتماعية و سياسية للطبقة العاملة في الولايات المتحدة. يتعلم الخمسة اهمية قراءة و استيعاب خطابات

---

40. أعرب رامون لابانينيو في رسالة الى ماري اليس واترز عن اهتمامه في الحصول على نسخة من كتاب Behold a Pale Horse، بقلم ويليام كوبر، والذي تم نصحه بقراءته من قبل زميل في السجن. هذا الكتاب هو تصوير من اليمين المتطرف لنظريات المؤامرة حول كل شيء، من الصحون الطائرة الى اغتيال جون ف. كينيدي. يحتوي الكتاب على النص الكامل السيء السمعة للتزوير المعادي للسامية من قبل السلطة القيصرية الروسية، لبروتوكولات حكماء صهيون. تم اغتيال كوبر من قبل نائب شريف في ولاية اريزونا في تشرين الثاني / نوفمبر 2002.

مالكوم اكس، من آخر سنة من حياته، في فتح الطريق للسياسة الثورية و التنظيم الثوري. يتعلم الخمسة عن فوائد جريدة المناضل و مجلة برسبيكتيفا مونديال وادب دار نشر باثفايندر - بما في ذلك كتباً و منشورات عن الثورة الكوبية - في النضال الطبقي في هذا البلد.

كادر سياسي عميق

جهّزنا للغلاف الخلفي لـ"تروتسكي الخاص بهم والخاص بنا" وصفاً مختصراً للكتاب. يبدأ قائلاً "التاريخ يدلّ على ان المنظمات الثورية الصغيرة لن تواجه فقط اختباراً صعباً من الحروب والقمع، ولكن ستواجه ايضاً الفرص، ذات الامكانيات المحطِمة، التي تظهر بشكل غير متوقّع عندما تنفجر الاضرابات والنضالات الاجتماعية". عندها يلعب الاستعداد و الحظّ دوراً حاسماً في قلب الاحداث غير المتوقّعة الى حظ سعيد.

"عندما يحدث ذلك" يستأنف النص "لن تجنّد الاحزاب الشيوعية فقط العديد من الاعضاء الجدد". ويجنّدون في ظلّ هذه الظروف بسرعة و بأعداد اكثر مما يمكن ان يتخيل اي شخص في هذه الغرفة من خلال تجربتنا في الحركة العمالية الثورية. ونقول انه في ظلّ هذه الظروف، و بالإضافة الى التجنيد الفردي المباشر، تتقارب الاحزاب الشيوعية و تتجّمع سياسياً ايضا مع قوات مناضلة اخرى. وهي "تلتحم سياسياً مع منظمات عمالية اخرى تتحرك في الاتجاه نفسه و تنمو لتصبح احزاباً بروليتارية ضخمة، تتنافس لقيادة العمال و المزارعين في

نضالهم للسلطة".

حينئذ نصل الى القسم الذي له الاهمية الاكثر عملية للعمال الشيوعيين في الوقت الحاضر.

من المفترض اولاً "ان كوادر تلك الاحزاب قد استوعبت مسبقاً البرنامج الشيوعي العالمي" و باتت مرتاحة له. و ان منظوراً شيوعياً دولي قد اصبح عادة سياسية. و اصبح مبدأ داخلياً. اصبح فعلاً ردّة فعل طبيعية.

ثانياً من المفترض ان يُبنى التوجيه السياسي الثوري لهذه الاحزاب على النشاط اليومي للكوادر التي اصبحت "بروليتارية في الحياة و في العمل". و كلاهما على نفس القدر من الاهمية - في الحياة و في العمل. و هذا كان مفهومنا في توجهنا نحو الصناعة و نحو النقابات الصناعية منذ ربع قرن. و جهودنا المستمرة لتقوية ذاك المسار منذ ذلك الحين. و هذا ما يجعل المركزية الثورية ممكنة. ليست كاريكاتور تنظيمي لعادات بروليتارية، بل التواجد في المكان الضروري، بين طليعة طبقتنا في طريق منظم و منضبط.

ثالثاً، يجب لنواة الاحزاب الشيوعية ان تتشكل من هؤلاء الذين "يحصلون على اكتفاء عميق من العمل السياسي". يمكن لهذا ان يبدو كمبالغة، و لكنها ليست كذلك. نعم من الممكن للثوار ان يمروا بشهر او بثلاثة اشهر او حتى عام سيء. هذا جزء من الحالة الانسانية في ظل النظام الرأسمالي. أي انسان يدّعي انه لم يكن له ايام سيئة مطلقاً، هو انسان مخيف لانه لا يخاف مطلقاً. لا احد منا يريد ملاكاً في جناحه. لكن اذا لم يحصل على ارضاء عميق من خلال العمل السياسي

الشيوعي عبر الزمن الطويل (على مدى فترة زمنية طويلة). لا يمكن للكادر الحزبي ان يقضي حياته وفقاً للمبادىء التأسيسية للعصبة الشيوعية التي خطط لها ماركس و انجلز في سنة 1847. احد "شروط العضوية" المذكورة في هذه المبادىء كان "الحماسة والقدرة الثورية في الدعاية".[41] هذه كانت الكلمات المختارة من قبل ماركس و انجلز للوثيقة التي عرضت للتصويت امام المندوبين في المؤتمر نفسه الذين اختارهم لإعداد البيان الشيوعي. لتكون عضواً على ان تقوم بعمل دعائي "بطاقةٍ وحماسة ثورية".

و رابعاً، نقول انه قبل قيام نضالات ثورية، يجب على حزب شيوعي ان يصوغ "قيادة لها فهم حاد لما يجب ان تفعل بعد ذلك مباشرة". وماذا يجب فعله الآن، اليوم، و ليس في المستقبل، و يجب ان تكون الافعال دائماً ملموسة.

هذا ما نتوقعه من القيادة في الحركة الشيوعية.

فكرت في ذلك التلخيص لنوع الحركة التي نبنيها الآن بينما نجهز الاجتماع للاحتفال بالحياة و الاعمال السياسية لتشارلي شير. تكلمت في اكثر من اجتماع تذكاري خلال هذا العام، و في العديد سابقاً، لتكريم رفاقنا الذين ماتوا و لإجلال حياتهم و خدماتهم. و عندما فكرت في تشارلي و ناقشت حياته مع الآخرين، تفاجأت بشيء، كان جميع هؤلاء الرفقاء يملكون شيئاً مشتركاً، كانوا جميعهم افراداً سياسيين

---

41. ماركس وانجلز
"Rules of the Communist League," in Marx and Engels, *Collected Works*, vol. 6, p. 633.

بعمق. و كل فرد منهم كان مختلفاً عن الآخر بطريقة رائعة. لم يكونوا مجرّد افراد مهتمين بالسياسة. لكن اناس نظموا حياتهم ضمن الحركة البروليتارية. و الذين زوّدت السياسة المحور العمليّ لحياتهم - اساس الاستمتاع و الارتياح الذي استمدوه من الحياة. كانت السياسة نبع انجازاتهم الذي لا ينضب.

يتكلم كتاب "تروتسكي الخاص بهم والخاص بنا" عن اعمال لمدى الحياة لهذه الكوادر.

البقاء على الخط السياسي

خلال الايام القليلة الماضية من هذا المؤتمر توصّلنا الى تفاهم مشترك للاهمية السياسية للمثال الذي يعطيه الشيوعيون لزملائهم العاملين و للثوار في الولايات المتحدة. السياسة الطبقية التي اكتسبناها، و الخطوات التي نتخذها من خلال فروعنا، و اللجان التأسيسية، و الاجزاء النقابية، هيٍ العنصر الاساسي لوعدنا للعالم ان لا نظهر الخوف مطلقاً امام اي عمل من قبل الامبريالية الاميركية. ان جبروت حكام الولايات المتحدة لا يوازيه الا ادعائهم. النتائج غير المراقبة وغير المقصودة لقوتهم الاقتصادية و العسكرية تلغي الشروط نفسها التي يسعون الى استخدامها لحفظ توازن و دعم نظامهم الاستغلالي و الاضطهادي المثقل بالازمات.

لم تكن ردة فعل الحزب العمال الاشتراكي لأحداث 11 سبتمبر / ايلول و لردّ فعل حكام الولايات المتحدة متبجحة. ولا تصميمنا على الصمود في وجه مسيرة الامبريالية نحو الحرب

و في وجه عاصفة الامطار التي بدأت تتساقط عبر طول وعرض نظام الاسواق العالمية. ما يفعله عمال البلشفي في الولايات المتحدة يعطي ثقة اضافية لكل عامل و مزارع و شاب. في اي بقعة من العالم. من الذين يرفضون الخضوع.

يكسب ثقة اضافية للمناضلين الذين يكتشفون من عدد جريدة المناضل او برسبكتيفا منديال او من كتاب باثفايندر او من كتيب - او من خلال مراقبة العمال الطليعيين في مصنع. او في حي. او عن طريق نضال مشترك - انه يوجد افراد مشابهين لهم يفعلون الشيء نفسه.

ليس لدينا نظرة مبالغ فيها عن انفسنا او عن امكانيات انجاز الناس العاملين في الولايات المتحدة. انها ببساطة حقيقة ان الامبراطورية الاخيرة في العالم لن تسقط من ثقلها. بل ستسقط من خلال نضال ثوري من قبل عمال و مزارعي هذا البلد. مكافحين مع حلفائهم الكادحين الاميين في العالم كله.

نستمدّ اكتفائنا العميق في العمل السياسي من معرفة مولودة من التاريخ و من التجارب المتماسكة للطبقة العاملة و التي تثبت ان هذا الهدف ملموس و حقيقي. و عندما ينفّذ هذا العمل. فإن الحماس و النشاط الثوري الذي سينبع من الكادحين عبر العالم كله هو شيء بالكاد نستطيع تخيّله. و هنا قد اخذنا خطوة اخرى على هذا الطريق.

إعلان هافانا الأول والثاني

إعلانان من الشعب الكوبي موجه الى المستغلين والمضطهدين عبر الاميركيتين. يدعو الاعلان الاول ، الذي أعلن في أيلول / سبتمبر 1960، الى " حق المزارعين في الأرض وحق العمال بثمرة أعمالهم. وحق الأمم بتأميم الاحتكارات الامبريالية." الاعلان الثاني، الذي أعلن في شباط/ فبراير 1962، يسأل "ماذا تعلّم الثورة الكوبية؟ أن الثورة ممكنة."

السعر 10 $

البيان الشيوعي كارل ماركس وفريديريك انجلز

الوثيقة التأسيسية لحركة الطبقة العاملة الحديثة نُشرت في 1848. فسّر البيان لماذا الشيوعية ليست مجموعة من المبادىء الجاهزة ولكنها خط مسيرة الطبقة العاملة نحو السلطة "حركة تاريخية تحدث أمام أعيننا نابعة من صراع طبقي موجود".

السعر 5 $

WWW.PATHFINDERPRESS.COM

هل طبيعة جسم المرأة تحدد مصيرها؟
إيفلين ريد

"مكانة المرأة في المجتمع تمت تشكيلها وإعادة تشكيلها من خلال تغيير الظروف التاريخية. التحول الدرامي الذي قلب الشيوعية الأمومية جلب معه إنهيار الجنس الأنثوي. ومع صعود النظام الأبوي الطبقي أصبحت طبيعة جسم المرأة الحجة الأيديولوجية لتبرير وإستمرار حرمان النساء من الحياة الثقافية والإجتماعية وإبقائهن في وضع العبودية. وفقط عند الإعتراف بهذا، من الممكن أن تفهم النساء الأسباب الحقيقية لتبعيتهن وتردي وضعهن. وهذه الأسباب ترتبط بالنظام الرأسمالي اليوم. صراعنا من أجل التحرر سوف يتم إعاقته طالما يتم خداعنا بأن الطبيعة وليس المجتمع هي المصدر لإضطهادنا."

إفلين ريد

السعر 5$

مالكولم إكس: تحرر السود، والطريق إلى سلطة العمال

جاك بارنز

في أوائل منتصف الخمسينيات من القرن العشرين، برز مالكولم إكس من قلب النضال الناشئ وكقائد أوحد له. وكان إصراره على أن هذه الحركة الهائلة هي جزء لا يتجزأ من المعركة الثورية العالمية من أجل حقوق الإنسان. وهذا الصراع هو بين «هؤلاء الذين يريدون الحرية، والعدالة، والمساواة، وبين الذين يريدون الإبقاء على أنظمة الإستغلال.»

مستخلصاً دروس من قرن ونصف من النضال، يساعدنا هذا الكتاب على فهم المعادلة التي تقول بأن سعي الطبقة العاملة الثوري للوصول إلى السلطة هو الذي سيجعل معركة تحرر السود ممكنة. كما سيفتح الطريق على عالمٍ مبني على عدم الإستغلال، وإنعدام العنصرية. ولكن على عالم مبني على التضامن الإنساني، على عالمٍ إشتراكي.

السعر 12 $

WWW.PATHFINDERPRESS.COM

أصوات من السجون
الكوبيون الخمسة

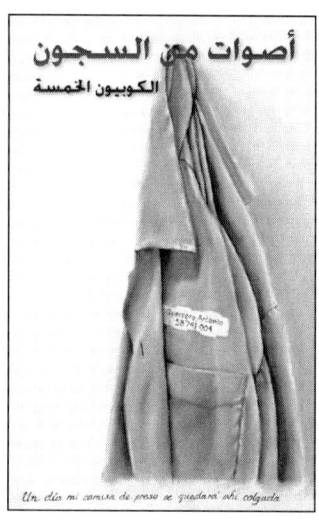

الأصوات المسموعة في هذا الكتاب تسمح لنا بالوصول إلى خلف القضبان التي ليس من شأنها فقط أن تسجن الخمسة. لكن الهدف منها أيضاً تقزيمهم إلى "مُدانين" و"ضحايا". تتوضح أكثر أصالتهم الثورية، ومرونتهم الثورية، وإنسانيتهم - وحسهم الفكاهي - على هذه الصفحات. وفوق كل هذا، نرى كيف إكتسبوا الإحترام بين الآخرين خلف قضبان السجن. كما يكتسبون أيضاً الإحترام بين الشعب العامل عبر الولايات المتحدة الذي يعرف هو بنفسه ومن خلال تجربته كيف تعمل عجلات "العدالة" الرأسمالية.
السعر 7$

ALSO FROM PATHFINDER

Are They Rich Because They're Smart?
Class, Privilege, and Learning under Capitalism

JACK BARNES

Exposes the self-serving rationalizations by well-paid middle-class layers that their intelligence and schooling equip them to "regulate" workers' lives. Includes "Capitalism, the Working Class, and the Transformation of Learning." $10. Also in Spanish, French, and Farsi.

In Defense of the US Working Class
MARY-ALICE WATERS

A giant has begun to stir. Hillary Clinton calls them "deplorables" living in "backward" parts of the US. But tens of thousands of teachers and school employees in 2018 waged victorious strikes. Working people in Florida won restoration of voting rights to former prisoners. In doing so, they drew on the best fighting traditions of workers of all skin colors and national origins. $7. Also in Spanish and Farsi.

The Clintons' Anti-Working-Class Record
Why Washington Fears Working People

JACK BARNES

Describes the profit-driven course of Democrats and Republicans alike, and the political awakening of workers seeking to understand and resist these assaults. $10. Also in Spanish, French, and Farsi.

WWW.PATHFINDERPRESS.COM

WOMEN'S LIBERATION AND SOCIALISM

Cosmetics, Fashions, and the Exploitation of Women
Joseph Hansen, Evelyn Reed, Mary-Alice Waters

How big business plays on women's second-class status and economic insecurities to market cosmetics and rake in profits. And how the entry of millions of women into the workforce has irreversibly changed relations between women and men—for the better. $15. Also in Spanish and Farsi.

Women in Cuba: The Making of a Revolution within the Revolution
Vilma Espín, Asela de los Santos, Yolanda Ferrer

The integration of women into the ranks and leadership of the Cuban Revolution was inseparably intertwined with the proletarian course of the revolution from the start. This is the story of that revolution and how it transformed the women and men who made it. $20. Also in Spanish and Greek.

Abortion Is a Woman's Right!
Pat Grogan, Evelyn Reed

Why abortion rights are central not only to the fight for the full emancipation of women, but to forging a united and fighting labor movement. $6. Also in Spanish.

Women's Liberation and the African Freedom Struggle
Thomas Sankara

"There is no true social revolution without the liberation of women," explains the leader of the 1983–87 revolution in the West African country of Burkina Faso. $8. Also in Spanish, French, and Farsi.

AUSSI DE PATHFINDER

Sont-ils riches parce qu'ils sont intelligents ?
Classe, privilège et apprentissage sous le capitalisme

JACK BARNES

Démonte les rationalisations des couches aisées des classes moyennes selon lesquelles leur intelligence et leur niveau d'éducation les autorisent à « réguler » la vie des travailleurs. Le livre inclut « Le capitalisme, la classe ouvrière et la transformation de l'apprentissage. » 10 $ US. Aussi en anglais, espagnol et farsi.

Défense de la classe ouvrière américaine
MARY-ALICE WATERS

Un géant a commencé à bouger. Hillary Clinton les appelle les « déplorables » vivant dans des régions « arriérées » des États-Unis. Mais en 2018, des dizaines de milliers d'enseignants et d'employés des écoles ont mené des grèves victorieuses. En Floride, les travailleurs ont obtenu le rétablissement du droit de vote pour les anciens prisonniers. En agissant ainsi, ils ont puisé dans les meilleures traditions de lutte de travailleurs de toute couleur de peau et de toute origine nationale. 7 $ US. En anglais et espagnol.

Le bilan anti-ouvrier des Clinton
Pourquoi Washington craint les travailleurs

JACK BARNES

Décrit le cours des démocrates comme des républicains, motivé par le profit, ainsi que le réveil politique des travailleurs qui cherchent à comprendre l'origine de ces attaques et comment y résister. 10 $ US. Aussi en anglais, espagnol et farsi.

WWW.PATHFINDERPRESS.COM

New International
A MAGAZINE OF MARXIST POLITICS AND THEORY

NEW INTERNATIONAL NO. 12
Capitalism's Long Hot Winter Has Begun
JACK BARNES

Published as the storm clouds of the 2008 financial crisis were forming, Barnes explains that today's global capitalist crisis is but the opening stage of decades of economic, financial, and social convulsions and class battles. Class-conscious workers, he writes, confront this historic turning point for imperialism with confidence, drawing satisfaction from being "in their face" as we chart a revolutionary course to take power. $16. Also in Spanish, French, Farsi, Arabic, and Greek.

NEW INTERNATIONAL NO. 13
Our Politics Start with the World
JACK BARNES

The huge economic and cultural inequalities between imperialist and semicolonial countries, and among classes within them, are accentuated by the workings of capitalism. To build parties able to lead a successful revolutionary struggle for power in our own countries, vanguard workers must be guided by a strategy to close this gap. $14. Also in Spanish, French, Farsi, and Greek.

NEW INTERNATIONAL NO. 7
Opening Guns of World War III: Washington's Assault on Iraq
JACK BARNES

Washington's murderous 1991 war on Iraq heralded conflicts among imperialist powers, growing capitalist crisis, and spreading wars. Working people in the region—from the Kurds, to Palestine and Israel, to Iran, Iraq, and Syria—are fighting for space to defend national rights and class interests. $14. Also in Spanish, French, and Farsi.

CUBA'S SOCIALIST REVOLUTION AND THE WORLD

Cuba and Angola: The War for Freedom
HARRY VILLEGAS ("POMBO")

The story of Cuba's unparalleled contribution to the fight to free Africa from the scourge of apartheid. And how, in the doing, Cuba's socialist revolution was strengthened. $10. Also in Spanish.

Companion volume
Cuba and Angola
Fighting for Africa's Freedom and Our Own

FIDEL CASTRO, RAÚL CASTRO, NELSON MANDELA, OTHERS

$12. Also in Spanish.

Our History Is Still Being Written
The Story of Three Chinese Cuban Generals in the Cuban Revolution

ARMANDO CHOY, GUSTAVO CHUI, MOISÉS SÍO WONG, MARY-ALICE WATERS

"What was the key measure to uproot discrimination against Chinese and blacks in Cuba? It was the socialist revolution itself." New edition sheds light on Chinese Cubans' involvement in Cuba's internationalist course, including in Africa and Latin America. $17. Also in Spanish, Farsi, and Chinese.

How Far We Slaves Have Come!
South Africa and Cuba in Today's World

NELSON MANDELA, FIDEL CASTRO

Cuban internationalists "made a contribution to African independence, freedom, and justice, unparalleled for its principles and selfless character," said Nelson Mandela, speaking in Cuba in July 1991 alongside Fidel Castro. Here are their speeches on the victory by Cuban, Angolan, and Namibian combatants over the US-backed South African army that had invaded Angola. $10. Also in Spanish and Farsi.

WWW.PATHFINDERPRESS.COM

BASIC WORKS OF MARXISM

The Communist Manifesto
KARL MARX AND
FREDERICK ENGELS

Why communism is not a set of preconceived principles but the line of march of the working class toward power, "springing from an existing class struggle, a historical movement going on under our very eyes." The founding document of the modern revolutionary workers movement. $5. Also in Spanish, French, Farsi, and Arabic.

The Origin of the Family, Private Property, and the State
FREDERICK ENGELS,
INTRODUCTION BY EVELYN REED

How the emergence of class-divided society gave rise to repressive state bodies and family structures that protect the property of the ruling layers and enable them to pass along wealth and privilege. Engels discusses the consequences for working people of these class institutions—from their original forms to their modern versions. $18. Also in Farsi.

Socialism: Utopian and Scientific
FREDERICK ENGELS

"To make man the master of his own form of social organization—to make him free—is the historical mission of the modern proletariat," writes Engels. Here socialism is placed on a scientific foundation, the product of the lawful operations of capitalism itself and the struggles of the working class. $12. Also in Spanish and Farsi.

RUSSIAN REVOLUTION'S WORLD EXAMPLE

Lenin's Final Fight
Speeches and Writings, 1922–23

V.I. LENIN

In 1922 and 1923, V.I. Lenin, central leader of the world's first socialist revolution, waged what was to be his last political battle—one that was lost following his death. At stake was whether that revolution, and the international communist movement it led, would remain on the proletarian course that had brought workers and peasants to power in October 1917. $20. Also in Spanish, Farsi, and Greek.

The History of the Russian Revolution
LEON TROTSKY

How, under Lenin's leadership, the Bolshevik Party led millions of workers and farmers to overthrow the state power of the landlords and capitalists in 1917 and bring to power a government that advanced their class interests at home and worldwide. Unabridged, 3 vols. in one. Written by one of the central leaders of that socialist revolution. $38. Also in French and Russian.

The Revolution Betrayed
What Is the Soviet Union and Where Is It Going?

LEON TROTSKY

In 1917 workers and peasants of Russia were the motor force for one of the deepest revolutions in history. Yet within ten years a political counterrevolution by a privileged social layer whose chief spokesperson was Joseph Stalin was being consolidated. The classic study of the Soviet workers state and its degeneration. $20. Also in Spanish, Farsi, and Greek.

WWW.PATHFINDERPRESS.COM

PATHFINDER AROUND THE WORLD

Visit our website for a complete list of titles and to place orders

www.pathfinderpress.com

PATHFINDER DISTRIBUTORS

UNITED STATES
(and Caribbean, Latin America, and East Asia)
Pathfinder Books, 306 W. 37th St., 13th Floor
New York, NY 10018

CANADA
Pathfinder Books, 7107 St. Denis, Suite 204
Montreal, QC H2S 2S5

UNITED KINGDOM
(and Europe, Africa, Middle East, and South Asia)
Pathfinder Books, 5 Norman Rd.
Seven Sisters, London N15 4ND

AUSTRALIA
(and Southeast Asia and the Pacific)
Pathfinder Books, Suite 22, 10 Bridge St.
Granville, Sydney, NSW 2142

NEW ZEALAND
Pathfinder Books, 188a Onehunga Mall Rd., Onehunga, Auckland 1061
Postal address: P.O. Box 13857, Auckland 1643

Join the Pathfinder Readers Club
to get 15% discounts on all Pathfinder titles and bigger discounts on special offers.
Sign up at www.pathfinderpress.com or through the distributors above.
$10 a year